왜 사도세자는 뒤주에 갇혀 죽었을까?

38
역사공화국
한국사법정
교과서 속 역사 이야기, 법정에 서다
사도 세자 vs 영조
왜
사도 세자는
뒤주에 갇혀
죽었을까?
글 이종호 | 그림 이일선

(주)자음과모음

책머리에

조선 왕조 500년 역사에서 가장 비극적인 인물을 들라면 아마도 사도 세자를 꼽을 수 있을 것입니다. 부왕인 영조에 의해, 그것도 쌀을 담는 뒤주에 갇힌 채 죽었다는 엽기적 사실이 그 이유이지요. 인조의 세자였던 소현 세자도 부왕에 의해 독살된 것으로 알려져 있지만 사도 세자처럼 공개된 상황에서 죽임을 당하지는 않았습니다. 게다가 사도 세자는 당쟁의 희생양이었다는 점에서도 후세 사람들의 마음을 아프게 하지요.

돌이켜 보면 동서양 왕조의 역사에서 아버지가 후계자인 아들을 죽인 예가 아주 드물지는 않습니다. 후삼국 시절 태봉을 세운 궁예나 고려 시대의 충선왕, 16세기 에스파냐 제국의 펠리페 2세 등이 여기에 해당되지요. 이중에서 '펠리페 2세 – 돈 카를로스'의 경우는 '영조 – 사도 세자'와 무척 유사한 양상을 보였습니다. 펠리페 2세도 처음에는 황태자 돈 카를로스를 사랑했지만 점점 못미더워하고 의구심을 가지게 됐습니다. 돈 카를로스 또한 아버지를 미워하게 되었지요. 결국 돈 카를로스는 부왕에 의해 체포, 감금된 끝에 죽임을 당하고 맙니다. 도대체 천륜을 무시한 이러한 비극은 왜 일어나는 것일까요? 무엇으로도 완벽해질 수 없는 인간 마음의 불완전성에 그 원인이 있겠지만 그렇게 생각해도 너무나 비극적인 일입니다. 그것은 이 책에 나오는 영조 – 사도 세자의 경우도 마찬가지입니다.

사도 세자에 대해서는 참으로 많은 말이 전해집니다. 비정상적이었다고 알려진 일상생활에서의 언행, 부왕에 대한 역모 기도설, 결국 죽음에 이를 수밖에 없었느냐 하는 점에 이르기까지 모두가 그렇습니다. 이에 대하여 어느 것 하나 속 시원하게 결론이 내려져 있지도 않지요. 학자들도 저마다 주장이 다릅니다. 여기서 독자들에게 전하려는 내용도 그런 견해들 중의 하나일 수밖에 없습니다.

만약 사도 세자에게 자신의 처지에 대해 사람들에게 직접 말할 기회가 주어진다면 과연 무엇이라고 할까요? 세상의 여러 이야기에 대해 얼마든지 이유를 대고 해명하며 자신의 입장을 정당화시킬 수 있지 않을까요? 그것이 변명이라 해도 그런 방식으로 사도 세자에게 일어난 일을 생각해 본다는 건 분명 모두의 생각을 키우는 데 도움이 될 것입니다. 이 책에서 사도 세자가 원고가 되어 법정에 서는 것은 그런 이유 때문입니다. 당연히 피고는 영조일 수밖에 없지요. 그는 아들을 죽인 가해자로 누구보다 사도 세자와 깊은 관련을 맺고 있으니까요. 사도 세자는 자신을 죽게 한 아버지 영조를 상대로 소송을 제기하게 됩니다. 그는 변호사에게 너무나도 억울하고 분한 자신의 심정을 털어놓으면서 세 가지 점에 대하여 변론을 부탁합니다. 자신은 결코 정신 이상자가 아니라는 것, 부왕에게 역모를 기도했다는 설이 있지만 오해일 뿐이라는 것, 마지막으로 자신의 죽음은 전적으로 당쟁의 결과라는 것이지요. 당시 집권 세력이었던 노론이 자신을 모함하였고 그로 인해 죽임을 당했으니 부당하다는 주장입니다.

영조－사도 세자 사이에서 일어난 참극에서 누구 한 명을 특별히 옹호할 수는 없습니다. 언뜻 보면 사도 세자를 죽인 영조의 잔인함에 분노를 느낄 수밖에 없겠지만, 깊이 들어갈수록 사건의 진상은 그다지 간단하지 않으니까요. 오히려 영조에게 동정이 느껴지는 부분도 많습니다. 자식을 죽일 수밖에 없었던 아버지의 참담함을 누가 알 수 있을까요. 비극을 만들어 낸 상황적 요인들이 안타까울 뿐이지요. 여러분도 이 책을 읽으면서 영조와 사도 세자에게 일어난 일들에 대해 스스로 판단해 보시기 바랍니다.

이종호

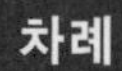

차례

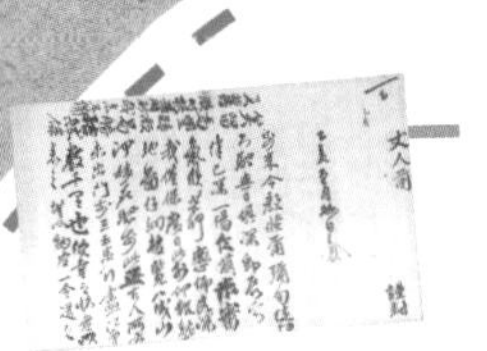

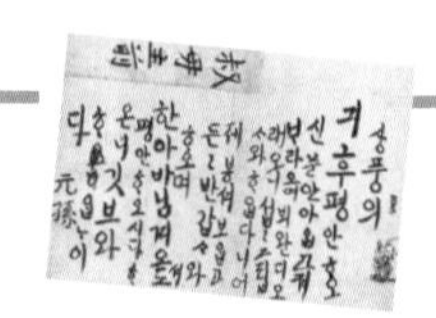

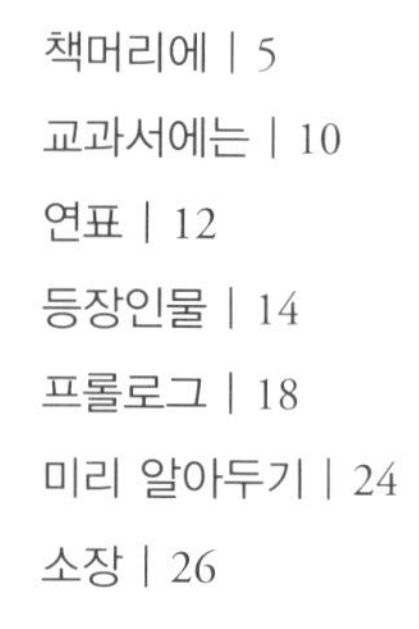

책머리에 | 5

교과서에는 | 10

연표 | 12

등장인물 | 14

프롤로그 | 18

미리 알아두기 | 24

소장 | 26

재판 첫째 날 사도 세자는 정신 이상이었을까?

1. 사도 세자는 어떤 행동을 했나? | 30

2. 영조의 전위 소동과 사도 세자의 울화증 | 40

열려라, 지식 창고_탕평책이란? | 45

3. 사도 세자는 영조를 이해했을까? | 47

휴정 인터뷰 | 61

재판 둘째 날 사도 세자는 역모를 꾀하였을까?

1. 나경언은 왜 사도 세자를 모함했을까? | 66
2. 영조의 주변에는 어떤 인물들이 있었을까? | 73
열려라, 지식 창고_『한중록』은 어떤 책일까? | 84
3. 사도 세자는 왜 평양에 갔을까? | 86
휴정 인터뷰 | 95
역사 유물 돋보기_사도 세자를 그리워한 정조의 마음이 담긴 〈화성행행도〉 | 98

재판 셋째 날 사도 세자를 꼭 죽여야 했나?

1. 자당과 부당이 있었다? | 104
2. 사도 세자는 왜 영조에게 문안드리지 않았을까? | 109
3. 사도 세자는 뒤주에 들어가야만 했을까? | 121
열려라, 지식 창고_사도 세자가 죽은 뒤주 | 127
휴정 인터뷰 | 128

최후 진술 | 131
판결문 | 134
에필로그 | 136
떠나자, 체험 탐방! | 142
한 걸음 더! 역사 논술 | 144
찾아보기 | 149

교과서
에는

영조는 왕위에 오르자마자 붕당 간의 대립을 완화하고 왕권을 강화하기 위해 탕평책을 실시했다. 노론의 독주를 막기 위해 붕당에 관계없이 온건하고 타협적인 인물을 고루 등용하였다. 영조의 뒤를 이은 정조도 탕평책을 실시하고, 규장각을 정비하여 자신의 정책을 뒷받침할 기구로 만들었다. 또한 친위 부대인 장용영을 설치하여 왕권을 강화하고자 하였다.

중학교 | 역사

VI. 조선 사회의 변동
1. 조선 후기 정치 운영의 변화
(2) 영조와 정조의 개혁과 탕평책

정조는 비운의 생을 마감한 아버지 사도 세자의 묘를 수원으로 옮겼다. 정조는 아버지 사도 세자의 무덤을 참배하기 위해 화성에 여러 차례 행차하면서 백성들의 사정을 들어 주었다. 조선 시대에는 억울한 일을 당한 백성이 왕이 행차하는 길에서 꽹과리를 울려 자신의 사정을 호소할 수 있었다.

붕당 간의 극심한 대립으로 왕권까지 위협당하자 탕평론이 제기된다. 탕평책은 붕당 간 세력 균형을 유지하고 왕권을 강화하여 정국을 안정시키려는 것이었다.

고등학교	한국사	Ⅲ. 조선 사회의 변화와 서양 열강의 침략적 접근 2. 조선에서도 근대의 기운이 움트다 (1) 영·정조, 탕평책을 통해 정국을 주도하다

영조는 조선 왕들 중 최장 기간인 53년간 재위하였다. 영조는 탕평파를 적극 육성하여 이들을 중심으로 정국을 이끌어 나갔다.

한국사 연표

1725년	탕평책 실시
1735년	사도 세자 탄생
1736년	세자 책봉
1739년	영조, 1차 양위 발표
1743년	홍봉한의 딸을 세자빈으로 맞음
1744년	영조, 2차 양위 발표
1749년	영조, 3차 양위 발표, 대리청정
1750년	균역법 실시
1757년	영조, 4차 양위 발표
1762년	나경언의 고변 임오화변, 사도 세자 폐위 및 사망
1776년	정조 즉위 사도 세자를 장헌 세자로 추존 규장각 설치
1899년	장헌 세자를 장조로 추존

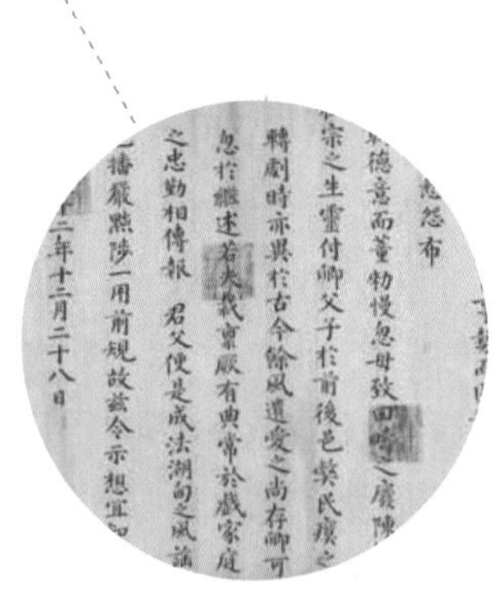

세계사 연표

1740년	오스트리아 왕위 계승 전쟁(~1748년)
1751년	프랑스 「백과전서」 간행
1756년	7년전쟁 발발(~1763년)
1760년	산업혁명 시작
1762년	루소, 민약론 발표
1765년	와트, 증기 기관 완성
1773년	보스턴 차 사건
1776년	미국, 독립 선언
1789년	프랑스 시민혁명
1868년	일본 메이지 유신

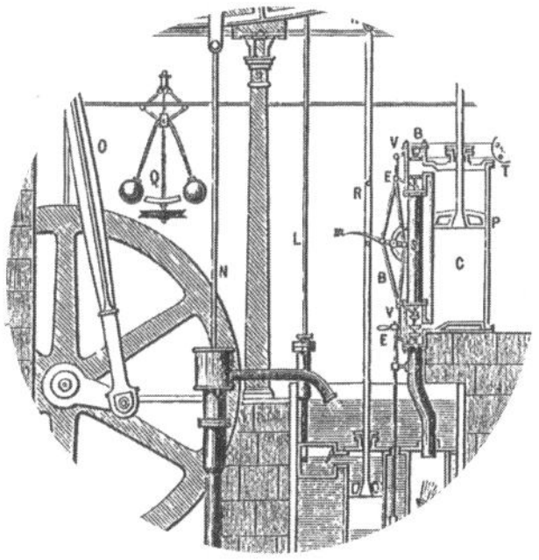

등장인물

원고 **사도 세자(1735년~ 1762년)**

나는 영조 임금의 둘째 아들로 태어나 어린 나이에 세자가 되었지요. 어린 시절부터 총명하고 영특하다는 소리를 들었습니다만, 크면서 부왕의 노여움을 사 결국 뒤주 속에서 죽고 말았습니다. 아버지에게 죽은 아들의 심정이 오죽하겠습니까? 이 재판에서 나의 억울함을 반드시 풀고 말 것입니다.

원고 측 변호사 **김딴지**

잘못된 역사를 바로잡는 곳이라면 어디든 달려가는 김딴지 변호사입니다. 항상 새로운 시각으로 역사를 바라보기 위해 노력하지요. 이번에도 원고의 억울함을 풀기 위해 최선의 노력을 다하겠습니다.

원고 측 증인 **정휘량**

나는 화완 옹주의 시삼촌입니다. 화완 옹주의 남편, 정치달이 내 조카이지요. 나는 소론이고 세자와 정치적 입장이 같습니다. 하지만 세자를 위해 거짓말할 생각은 없습니다. 나는 나경언이 사도 세자를 모함했다고 말하는 것을 분명히 들었습니다.

원고 측 증인 **조재호**

소론의 거두였던 조문명의 아들입니다. 세자께서 위험에 처했다는 소식을 듣고 춘천에서 상경했다가 역모의 누명을 쓰고 죽고 말았지요.

원고 측 증인 **이이장**

사도 세자가 죽임을 당할 당시 나는 도승지 겸 동지의금부사였습니다. 나경언의 모함으로 죽을 위기에 처한 사도 세자를 구하려 온 힘을 다하였으나 뜻을 이루지 못하였습니다.

판사 **공정한**

역사공화국에서 공정하기로 소문난 공정한 판사입니다. 이번 재판은 더욱 신중을 기하여 공정한 판결을 끌어내도록 최선을 다하겠습니다.

등장인물

피고 **영조(1694년~1776년, 재위 1724년~1776년)**

나는 조선의 제21대 왕인 영조입니다. 왕세제 시절에 붕당 정치의 폐단을 몸소 느껴 즉위 이후 왕권 강화에 힘썼고 탕평책을 시행하였습니다. 하지만 세자는 이러한 나의 뜻을 이해하지 못했을 뿐만 아니라 직책에 어울리는 도리를 다하지 못했기 때문에 직접 죽일 수밖에 없었습니다. 큰 목적을 위해 아끼는 아들을 버려야만 했던 내 심정을 누가 이해해 줄 수 있겠습니까?

피고 측 변호사 **이대로**

나는 역사공화국의 명변호사입니다. 역사적 진실은 함부로 바꿀 수 없습니다. 오늘날의 평가는 누가 임의로 만든 것이 아니라 오랜 기간을 통해 검증된 것입니다. 이번 사건 또한 한 치도 수정할 수 없도록 최대한 방어에 주력할 것입니다.

피고 측 증인 홍봉한

나는 사도 세자의 장인이자 노론의 우두머리였습니다. 당파의 이익을 위해 소론인 사도 세자의 죽음을 주도했다는 세간의 비난에 시달려 왔지요. 진실이오? 글쎄요. 모르는 일이지요.

피고 측 증인 혜경궁 홍씨

나는 사도 세자의 비(妃)이자 정조의 생모이며 시호는 헌경 왕후입니다. 노론인 아버지와 소론인 남편 사도 세자 사이에서 마음고생을 무척 많이 하였지요. 이번 재판에서는 또 어떤 일이 생길지 걱정입니다.

피고 측 증인 영빈 이씨

영조 임금의 후궁으로 사도 세자의 생모입니다. 아들인 사도 세자를 아끼는 마음이야 당연한 것이지만 왕실의 안녕이 우선 아닙니까. 그래서 사도 세자의 이상을 영조 임금에게 알렸습니다.

"조선의 세자 중에 나만큼 억울한 사람이 있을까요?"

김딴지 변호사가 창밖의 풍경을 바라보고 있을 때였다. 약간 긴장한 얼굴로 사무장이 다가와 말했다.

"변호사님, 큰 건이 하나 들어왔습니다."

"큰 건이라니?"

김딴지 변호사의 물음에 사무장은 속삭이는 듯한 목소리로 이렇게 말했다.

"사도 세자가 소송을 의뢰해 왔습니다."

"아니, 누구라고?"

'사도 세자라니……!'

김딴지 변호사는 자신도 모르게 그 이름을 되뇌었다. 아버지인 영조 때문에 뒤주에 갇혀 죽은 사도 세자. 그는 조선조 500년 역사에서

손꼽히는 비극적인 인물이다. 김딴지 변호사는 사도 세자를 변호할 생각에 흥분해서 물었다.

"그래, 상대가 누구라고 하던가?"

"영조라고 합니다! 아버지인 영조 임금 말입니다."

김딴지 변호사는 사도 세자라면 충분히 그럴 수 있다고 생각하면서도 막상 소송 상대가 누구인지 알게 되자 찜찜한 마음을 억누를 길 없었다.

"역시 그렇군. 자신을 죽인 사람이 바로 아버지이니까. 하지만 아들이 아버지와 재판을 벌이다니!"

어쨌든 김딴지 변호사는 사도 세자를 직접 만나 이야기해 보기로 결심했다. 직접 마주한 사도 세자는 어딘가 우울해 보였다. 쉽게 가까이하기 어려운 느낌이 들었다. 형식적인 인사가 끝난 뒤 김딴지 변호사는 사도 세자에게 자신의 생각을 솔직히 털어놓았다.

"세자님의 뜻은 잘 알겠습니다. 제게 의뢰하신 이상 승소하도록 최선을 다하겠습니다. 그렇지만 마음에 걸리는 게 있군요."

"무엇입니까?"

"이유야 어떻든 아버지를 상대로 소송을 거셨으니 세상 사람들이 어떻게 생각할지 모르겠습니다. 인륜에 어긋난다고 세자님을 비난하는 소리들이 있지 않겠습니까?"

"어허, 변호사님도 참 딱하시오."

사도 세자는 그렇게 말하더니 어이가 없다는 얼굴로 잠시 김딴지 변호사를 바라보았다.

"생각해 보십시오. 나는 아버지에게 죽임을 당했습니다. 누가 보나 아버지가 먼저 자식에게 해서는 안 되는 일을 한 것 아닙니까? 인륜을 저버린 것은 그쪽입니다. 이런 상황에서 아들이 아버지를 소송한다고 해서 비난받아야 합니까? 분하고 억울한 마음 때문에 더한 일이라도 벌일 수 있을 것만 같은 심정입니다."

"그렇기는 하지요."

김딴지 변호사도 그 말에는 동의하지 않을 수 없었다. 영조와 사도 세자, 이들 부자 간의 소송은 이제 피할 수 없게 되었다. 김딴지 변호사에게는 사도 세자를 도와 소장을 제출하는 일만 남은 셈이었다.

"세자님, 그러면 구체적으로 어떤 내용을 소장에 담아야 하겠습니까?"

"먼저 내가 정신병자가 아니라는 것을 알리고 싶습니다. 내가 정신병자라면 어떻게 10년 이상 세자로서 부왕을 대리하여 국정을 이끌어 갈 수 있었겠습니까?"

"그렇군요. 세자님 말씀에 공감이 갑니다."

"다음으로는 내가 역모를 꾀하지 않았다는 것을 밝히겠습니다. 간혹 내가 부왕에 맞서 역모를 일으켰다고 전하는 사람들이 있습니다. 특히 소설가들 중에 그런 사람들이 많은데 상상이 지나칩니다. 아주 악의적인 상상이자 추론이라고 할 수밖에 없어요. 이에 대한 누명을 벗어야겠습니다."

"또 있습니까?"

"네. 내 죽음의 부당함에 관한 것입니다. 세자인 내가 죽어야 할 정도로 크게 잘못했는지 지금까지도 모르겠습니다. 이 문제는 결국 역모 혐의와 무관하지 않습니다. 참 어이없는 일입니다. 나는 절대로 그런 일을 하지 않았으니까요. 부왕 모르게 평양에 다녀온 사실, 소론계 인물들과 가까웠던 점을 역모와 결부시킵니다만 이는 억지일 뿐입니다."

여기까지 이야기한 사도 세자의 목소리는 거의 울음에 가까운 지경이 되었다. 김딴지 변호사가 심각한 얼굴로 고개를 끄덕이며 대답했다.

"알겠습니다. 진정하시지요."

"생각할수록 억울하고 분할 뿐입니다. 세자의 지위에서 쫓아내는 것으로 충분했던 것 아닙니까? 모두가 그 못된 노론 놈들 때문이에요."

김딴지 변호사는 직업적인 냉정을 유지하려고 노력하면서 곧 소장을 작성하기 시작했다.

미리 알아두기

사도 세자 그리고 장조

영조의 둘째 아들로 혜경궁 홍씨의 남편이자 정조의 아버지인 사도 세자는 왕이 되지 못한 왕세자입니다. 사도 세자는 영빈 이씨 소생으로 창경궁에서 태어났어요. 둘째 아들로 태어났지만 이복 형인 효장 세자가 일찍 사망하여 태어난 지 1년 만에 세자로 정해지게 되었습니다. 사도 세자는 왕의 명에 따라 세자 시절 대리청정까지 했어요. 대리청정이란 왕의 허락을 받아 정치 등 여러 일을 대신 수행하는 것을 말해요. 이렇게 왕의 길을 걷던 사도 세자는 안타깝게도 왕명에 따라 뒤주에 갇혀 죽고 만답니다.

어려서부터 매우 영특하여 세 살 때 『효경』을 읽었다고 전해지는 사도 세자. 하지만 어렸을 때부터 부왕 영조로부터 극심한 불신을 받고 가혹한 꾸중을 들었다고 해요. 혜경궁 홍씨가 쓴 『한중록』에 의하면 사도 세자는 때때로 극도로 난폭했다고 해요. 그리고 아버지였던 영조와 사이가 좋지 않았다고 전해지지요.

사도 세자가 죽고 영조가 죽은 뒤 왕위에 오른 정조는 아버지인 사도 세자를 추존(어떤 인물이 죽은 뒤 그를 높여 부르는 것)하려고 했지만 신하들의 반대에 부딪혀 실패하였지요. 이후 사도 세자는 고종 때 왕으로 추존되어 '장조'라는 호칭을 더하게 됩니다. 사도 세자가 죽은 뒤 시신은 경기도 양주군 배봉산에 묻혔다가 아들 정조가 왕이 되면서 현 위치인 경기도 화성시로 옮겨집니다.

파란만장한 삶을 살았던 사도 세자의 죽음과 관련해서는 의견이 분분합니다. 그리고 사도 세자의 행적에 관해서도 말이 다양하지요. 하지만 어찌 되었건 그의 죽음이 주변 환경이나 사람들에게서 영향을 받지 않았다고는 말할 수 없어요. 사도 세자는 영조의 뒤를 이어 왕이 될 세자였기 때문입니다.

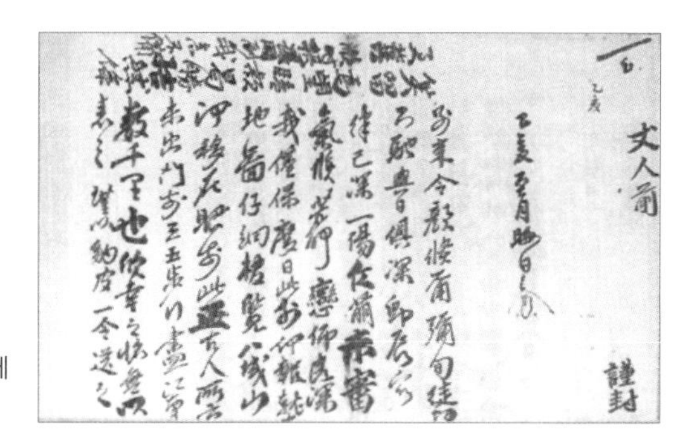
丈人前

謹封

사도 세자가 장인 홍봉한에게 보낸 편지

원고 | 사도 세자 대리인 | 김딴지 변호사
피고 | 영조 대리인 | 이대로 변호사

청구 내용

나, 사도 세자는 1735년(영조 11) 1월에 영조의 둘째 아들로 태어났습니다. 당시 이복형인 효장 세자가 일찍 사망했기 때문에 불과 두 살의 나이로 세자가 되었습니다. 부왕인 영조를 비롯해 주위의 기대와 관심을 받으며 자란 것은 물론입니다. 그러나 15세의 어린 나이로 대리청정을 하면서 영조와 문제가 생기기 시작했습니다. 노론의 정치적 득세, 영조의 과도한 의심증, 소론에 동정적이던 내 정치적 성향이 그 이유로 작용했을 것입니다.

노론들은 내가 왕이 되면 자신들에게 불리해질 것을 우려하여 여러 방도로 나를 중상모략했습니다. 내 정신 상태가 정상이 아니라는 말까지 퍼뜨렸지요. 처음으로 이 말이 나온 것은 아내인 혜경궁 홍씨에 의해서였지만 많은 사람들이 이를 믿었고 지금껏 그렇게 전해지고 있습니다. 내게 정신병이 있었다면 어떻게 세자로서 대리청정할 수 있었겠습니까? 영조에게 내가 역모를 기도했을 것이라는 심증을 가지도록 부추긴 것도 노론이었습니다. 내가 일부 소론 인사들과 결탁하여 역모를 감행하려 했다는 것입니다. 나는 결국 1762년(영조 38) 윤5월에 28세의 나이로 뒤주 속에 갇혀 죽어야 했습니다.

이 소송을 통해 본인이 밝히고자 하는 일은 세 가지입니다. 먼저 내게 정신병이 있었다는 의혹을 해소하고, 역모를 기도했다는 항간의 소문이 거짓이라는 것을 밝히며, 이로 인해 내가 맞게 된 죽음의 진상과 부당성을 증명하고 한을 푸는 일입니다. 이에 따라 본인의 명예 회복과 정신적 손해 배상을 청구하는 바입니다.

입증 자료

- 『영조실록』
- 『한중록』
- 중학교 역사 교과서
- 고등학교 한국사 교과서

그 외 자료 추후 제출하겠음.

위 청구인 사도 세자

역사공화국 한국사법정 귀중

세자에게
양위하겠다!
전하~
아니되옵니다~
뜻을
거두어 주소서!
또
시작이네…

재판 첫째 날

사도 세자는 정신 이상이었을까?

1. 사도 세자는 어떤 행동을 했나?
2. 영조의 전위 소동과 사도 세자의 울화증
3. 사도 세자는 영조를 이해했을까?

교과 연계

역사
VI. 조선 사회의 변동
1. 조선 후기 정치 운영의 변화
(2) 영조와 정조의 개혁과 탕평책

1 사도 세자는 어떤 행동을 했나?

재판이 열리는 첫날 법정 안은 그야말로 발 디딜 틈 없이 많은 방청객들로 정신을 차릴 수 없을 정도였다. 방청석이 모자라 들어오지 못한 사람도 많았다. 법정 밖도 사람들로 북새통을 이루고 있었다. 그들은 저마다 떠들어 댔다.

"영조 임금이 아들인 사도 세자에게 소송을 당했다네! 참, 이런 일도 다 있구먼."

"세상에, 아들이 아버지랑 재판을 하겠다고 나섰으니!"

"아니, 아비가 먼저 제 아들을 죽이지 않았나. 그것도 사람이 할 일은 아니지 않은가."

"맞네! 아무리 정치권력을 둘러싼 왕실의 일이지만 뒤주 속에 가둬 죽게 만들다니. 사도 세자가 얼마나 억울하고 분하겠는가."

이렇게 떠드는 사이에 검은 법복을 입은 판사가 들어와 자리에 앉았다. 법정 안은 순식간에 조용해졌다. 방청객은 물론 배심원들도 말을 멈춘 채 모두 판사를 바라보았다.

판사　오늘은 원고 사도 세자가 부왕 영조를 상대로 낸 명예 훼손 및 손해 배상에 대한 재판 첫째 날입니다. 그러면 재판을 시작하겠습니다. 원고 측 변호인, 오늘 사건에 대한 설명부터 해 주시지요.

김딴지 변호사　이번 재판은 원고 사도 세자가 자신을 죽인 아버지, 영조를 상대로 제기한 소송입니다. 피고 ▶영조는 탕평책을 실시하여 당쟁을 없애려고 힘썼고, 법전인 『속대전』을 간행하는 등 많은 업적을 남겼습니다. 그래서 조선 후기에 중흥을 이룬 임금으로 평가되기도 하지요. 반면 아들인 원고를 죽인 것에서도 알 수 있듯이 잔인한 일면도 있었습니다. 게다가 원고를 정신병자로 몰아세웠지요. 앞으로 재판 진행 과정에서 원고의 '역모 계획 여부'나 '그를 죽인 일이 정당했는지'에 대해서도 이야기하겠습니다만, 우선 원고가 정말 정신병에 걸려 있었는지 그 진실을 밝혀 보겠습니다. 결론부터 이야기하자면 원고는 결코 정신병에 걸린 것이 아니었습니다.

판사　정신병이 아니라고요? 그렇다면 왜 그런 이야기가 나오게 됐습니까?

김딴지 변호사　원고의 아내, 혜경궁 홍씨 때문입니다. 그녀는 『한중록』에서 원고인 세자의 여러 가지 비정상적인

『속대전』
조선 초기에 법전 『경국대전』이 반포되었는데, 시간이 지나면서 여기에 여러 제도나 규칙 등이 추가되었습니다. 이에 따라 영조 대에는 『경국대전』 내용에 추가, 보충, 정리하여 『속대전』을 편찬하였습니다.

역모
나라를 다스리는 권한을 빼앗으려는 일입니다.

교과서에는

▶ 영조 대에 『속대전』, 『속오례의』, 『동국문헌비고』 등을 편찬하여 문물 제도를 정비하였습니다.

『한중록』
혜경궁 홍씨가 한글로 쓴 일대기입니다. 남편인 사도 세자가 뒤주에 갇혀 죽은 사건과 이를 둘러싼 당시 당쟁의 상황 등 자신의 한 많은 인생을 그리고 있습니다.

의대증
옷을 쉽게 입지 못하거나, 특정한 옷에 대해 피하거나 특별히 좋아하는 증상입니다.

『효경』
유교 경전의 하나로 효도에 관한 기본서로 널리 읽혔습니다.

행동에 대해 썼습니다. 옷을 쉽게 입지 못하는 의대증이 대표적인데, 수십 벌의 옷을 꺼내 놓고도 한 벌을 제대로 입지 못했다는 것입니다. 정말 그랬다면 시중드는 나인들의 고충도 이만저만이 아니었겠지요. 그런데 세자는 이에 아랑곳하지 않고 그녀들의 태도가 마음에 들지 않으면 죽이기까지 했다고 합니다. 세자는 자기가 사랑하던 여인인 경빈 박씨도 이 일로 인해 죽였지요. 혜경궁 홍씨에 따르면 세자는 천둥소리가 무서워 정신을 차리지 못하거나 땅을 파 놓고 들어가 지내는 등 정상으로 보기 어려운 일이 한두 가지가 아니었습니다. 쉽게 말해 정신이 온전치 못했다는 이야기인데요, 원고는 사실과 다른 이런 이야기들이 모두 억울하고 분한 것입니다.

판사　그렇다면 『한중록』에 쓰인 내용이 사실이 아니라는 말입니까? 원고의 정신은 지극히 정상적인데 그를 정신병으로 몰았다는 이야기인가요?

김딴지 변호사　그렇습니다. 원고는 정상적인 정신의 소유자였던 것이 틀림없습니다. 게다가 어릴 때부터 아주 총명하고 예의가 바른 인물이었습니다. 세 살 때 벌써 효도를 권장하는 책인 『효경』을 외웠고, 일곱 살 때는 어린이용 학습서인 『동몽선습』을 글자 하나 틀리지 않고 다 읽을 정도였으니까요. 이외에도 서예를 좋아하고 시를 잘 지어 아버지인 피고 영조의 칭찬을 받았습니다. 원고가 똑똑했다는 사실은 피고가 어린 그에게 왕의 자리를 물려주겠다고 한 것에서도 드러납니다. 피고는 여러 번 원고에게 양위 의사를 밝혔는데, 그 시작은 원고가 다섯 살 무렵이었습니다. 만일 원고가 변변치 못했다면 아무리 변덕스러운 피고라도 쉽게 이런 일을 벌이지는 않았을 것입니다. 어릴 때 원고는 지극히 정상적일 뿐 아니라 아주 똑똑했습니다. 성인이 된 뒤로는 주위 사람들을 죽이는 등 과오가 없지 않았습니다만, 그런 단편적인 사실로 그의 정신 상태를 판단해서는 안 됩니다. 원고의 심기를 건드린 사람에게도 문제가 있을 수 있으니까요. 혜경궁 홍씨는 원고의 의대증을 지적하고 있습니다만, 단지 옷을 입는 데 까다롭게 군 일이 과장된 것은 아닐까요? 땅을 파고 들어가서 지낸 것도 좀 별난 취미의 하나로 볼 수도 있지 않겠습니까? 역모를 위해 무기를 감추었다는 소리도 있는데 가능한 이야기가 아닙니다. 수많은 사람들의 눈과 입이 있는데 궁궐 안에 무기를 감춘단 말입니까? 원고가 무예를 즐겼다는 점을 헤아려 주십시오.

양위
왕의 자리를 물려주는 것입니다.

김딴지 변호사의 변론을 듣고 있던 방청객들이 술렁거리기 시작했다.

"단순히 옷 입는 일에 까다로웠던 게 의대증으로 과장되어 소문난 것이라고? 드라마에서 볼 때는 전혀 그렇지 않던데?"

"그러게 말이야. 아니, 옷을 두려워하는 게 어떻게 정신병이 아니란 말인가?"

"증세가 얼마나 해괴했으면 아내인 혜경궁 홍씨가 희한한 병이라고 했겠나."

이러한 말에 대한 반론도 있었다.

"멀쩡히 세자 노릇을 했는데 무슨 정신병이 있었겠어? 죽을 때도 이상한 점이 없었다고 들었어."

"옳아. 사도 세자는 정상이었던 게 틀림없어. 드라마에 나왔던 이야기는 그야말로 드라마가 아닌가."

"그나저나 무기는 왜 땅속에 두었을까? 의도가 어디에 있든 무기의 양이 많다면 의심을 살 만도 하잖아?"

이때 판사가 좌중을 향해 조용히 해 줄 것을 당부하고 말을 이었다.

판사 　원고 측 변호인의 소송 이유를 들었습니다. 피고 측 변호인에게 발언권을 드리지요.

이대로 변호사 　다른 말씀은 드리지 않겠습니다. 일단 원고 측의 주장은 증거가 불충분합니다. 지금 원고 측 변호인의 주장에는 '~일 수도 있다'라는 식의 추측만이 있을 뿐입니다. 『한중록』도 결국 원고에게 불리한 증거입니다. 이후 재판 과정에서 피고 영조가 내린 결정에는 정황적 근거가 충분하며 납득할 만한 이유도 있다는 사실을 알게 되실 겁니다. 피고는 아버지이기 이전에 한 나라의 임금이었습니다. 어렸을 때는 총명했던 아들이 커 가면서 여러 이상한 행동을 하고 역모를 계획했다는 증거까지 발견되었는데 어떻게 가만히 둘 수 있었겠습니까? 이는 재판 과정에서 차차 밝혀 나가겠습니다.

판사 　알겠습니다. 그러면 본격적으로 재판에 들어가도록 하지요.

어느 쪽에서 먼저 변론하시겠습니까?

김딴지 변호사 제가 하겠습니다. 먼저 이 재판의 당사자인 원고의 이야기를 들어 볼 것을 요청합니다.

판사 좋습니다. 원고는 말씀해 주세요.

부왕
왕자나 공주가 아버지인 왕을 이르던 말, 또는 다른 사람이 왕자나 공주의 처지에서 아버지인 왕을 이르던 말입니다.

사도 세자가 자리에서 일어나자 법정 안이 조용해졌다. 사도 세자는 조용조용 이야기를 시작했다.

사도 세자 나는 사도 세자입니다. 영조 임금의 둘째 아들로 태어나 1736년(영조 12)에 불과 두 살의 나이로 세자에 책봉되었지요. 그렇게 빨리 세자가 된 것은 나의 이복형인 효장 세자가 1728년에 세상을 떠났기 때문입니다. 후사가 없어 애를 태우던 부왕은 내가 태어나자 너무나 기쁜 나머지 일찌감치 저를 세자로 책봉했습니다. 그것이 불행의 시작이기도 했지요.

세자는 한숨을 내쉬더니 한참 동안 말이 없었다. 분노를 삭이는 듯한 모습이었다.

사도 세자 생모는 영빈 이씨로 부왕의 후궁 중 한 분인데 보통 '선희궁'으로 불립니다. 나는 열 살 되던 해에 노론 집안의 딸인 혜경궁 홍씨와 혼인하였고 2남 2녀의 자녀를 두었지요. 의소 세손으로 불리는 첫아들은 일찍 죽었고, 둘째 아들은 후에 제22대 임금이 된 정조

군주
세자의 정실 부인에게 태어난 딸을 말합니다.

현주
세자의 후궁에게서 태어난 딸입니다.

대리청정
왕이 병들거나 나이가 들었을 때 세자나 세제가 왕 대신 정사를 돌보는 것을 말합니다.

이지요. 두 딸은 청연, 청선 군주입니다. 이외에도 나는 숙빈 임씨와 경빈 박씨라는 후궁도 두었습니다. 임씨에게서는 은언군과 은신군을 얻었고 박씨에게서는 은전군과 청근 현주를 얻었습니다.

판사 이번 재판은 부왕인 영조와 직접 관련된 것이 아닙니까? 영조와의 관계에 대해서도 좀 더 자세하게 밝혀 주셨으면 합니다. 특히 정신병 운운하는 말이 나오게 된 경위와 관련해서 말이지요.

사도 세자 앞서 말씀드린 것처럼 나는 일찍 세자가 되었습니다. 그런데 겨우 100일 만에 생모인 영빈 이씨의 품을 떠나야 했습니다. 나라를 이끌어 갈 후계자인 만큼 일찍부터 계획적인 양육을 받아야 한다는 것이었지요. 하지만 나는 어머니의 따뜻한 품이 그리웠습니다.

판사 당연한 일입니다.

사도 세자 이해해 주셔서 감사합니다. 그래서 머물게 된 곳이 '저승전'이었습니다. 이름이 좀 섬뜩하게 느껴지겠지만, 풀이하면 '세자의 자리를 계승하는 집'이라는 뜻입니다. 곧 세자가 될 나에게는 딱 맞는 이름이었지요. 경종이 대리청정하던 세자 시절에 기거했던 시민당이 그곳 건물 중 하나였고, 그분의 계비인 선의 왕후가 죽기 전 혼자 6년여를 지낸 곳이기도 했습니다. 역사를 공부한 분이라면 잘 아실 텐데, 경종과 선의 왕후 두 분은 소론의 지지를 받았고 선의 왕후는 소론 집안 출신이기도 합니다. 저승전에는 소론 계열의 궁

녀들이 배치되어 있었고, 자연스럽게 나는 그들의 손에서 자라게 되었습니다. 어린 나를 교육시켰던 최 상궁과 한 상궁도 소론이었습니다. 일부에서는 이때 내가 친소론적인 교육을 받게 된 것이 아니냐고 이야기합니다만, 그 부분은 정확히 확인할 수가 없습니다. 너무 어린 시절이라 기억이 분명치 않으니까요. 다만 한 상궁이 내게 군사놀이의 재미를 알게 해 준 것은 확실합니다. 나는 평생 말 타고 활 쏘는 일을 좋아했는데 그 이유 때문이 아닌가 싶습니다. 아내인 혜경궁 홍씨는 『한중록』에서 내가 마치 그녀들에 의해 잘못된 길로 인

전위
왕의 자리를 후계자에게 넘겨주는 일을 말합니다.

도된 것처럼 이야기합니다만, 글쎄요, 나는 단순히 그들이 좋았을 뿐입니다. 세자가 된 이후 나는 감당하기 어려운 일들을 겪어야 했습니다. 걸핏하면 부왕은 어린 나에게 왕위를 물려주겠다며 전위 소동을 벌였습니다. 그런 소동이 있을 때마다 나는 영문도 모른 채 석고대죄하고 빌어야 했지요.

사도 세자는 또다시 한숨을 푹 쉬었다. 생각만 해도 진저리가 난다는 표정이었다.

판사　원고, 이야기를 계속해 주세요.

사도 세자　네. 내가 전위를 소동이라고 부르는 이유는 그것이 전혀 진심이 담겨 있지 않은 일종의 연극이었기 때문입니다. 내가 다섯 살일 때 그 소동이 시작되었습니다. 그 후로도 여섯 살, 열 살, 그리고 열다섯 살 되던 해에 비슷한 일이 벌어졌습니다. 당시 왕이 세자에게 자리를 물려주는 것은 무척 큰일로 여겨졌습니다. 함부로 그런 말을 입 밖에 내서는 안 되었지요. 그런데도 부왕은 이처럼 자주 전위 소동을 벌였습니다. 이런 일을 당하면 나는 당황해 어쩔 줄 몰랐지요. 매번 신하들은 궁궐로 몰려와 전위의 뜻을 거두어 달라고 땅에 엎드려 빌었고 나도 반드시 같은 뜻을 보여야 했습니다. 다섯 살이던 내가 무얼 알았겠으며 그 후의 사태에 대해서도 알면 얼마나 알았겠습니까? 그러나 소동이 날 때마다 나는 거적을 깔고 석고대죄 하는 모습을 보여야만 했습니다. 그렇게 하는 것이 불충불효

를 면하는 길이라고 들었기 때문에 그저 시키는 대로 했을 뿐입니다. 내가 여섯 살 때입니다. 부왕은 역대 선왕의 영정이 모셔진 선원전 앞에서 빗속에 무릎을 꿇고 앉아 전위 소동을 벌였습니다. 누가 보더라도 좀 별나 보이지 않습니까? 꼭 그렇게 해야만 하는 겁니까? 이런 일이 어린 내게는 그저 놀랍고 충격적인 일로만 다가왔습니다. 충분히 이해할 수 없었으니까요. 그리고 내가 열다섯 살이 되자 대리청정이라는 무거운 짐을 지우기까지 했지요.

판사 원고 말씀 잘 들었습니다.

2 영조의 전위 소동과 사도 세자의 울화증

판사 계속해서 원고 측 변호인 신문하시지요.

김딴지 변호사 감사합니다. 원고는 전위 소동이 벌어질 때마다 춥거나 덥거나 상관없이 매번 석고대죄를 해야 했지요?

사도 세자 그렇습니다.

김딴지 변호사 그렇다면 부왕인 영조가 미울 수도 있었겠군요?

사도 세자 나이가 들면서 그런 마음이 조금씩 생겨났습니다. 무엇보다 부왕의 전위가 진실과는 거리가 멀었기 때문입니다. '나는 왕자리에 연연하지 않는 사람이다' 하는 뜻을 보이기 위한 가식적인 행동이었으니까요. 신하들이 자신이 속한 붕당의 이익만 내세우고 탕평책에 위배되는 행태가 심해질 때 이런 행동으로 그것을 다잡는 효과도 거두고자 한 것이고요.

김딴지 변호사 좀 더 자세한 설명이 필요할 것 같은데요.

사도 세자 부왕은 왕세제일 때 선왕인 경종을 독살했다는 의심을 받았습니다. 경종이 죽기 전에 음식을 제대로 먹지 못하자 부왕이 게장과 감을 올렸습니다. 이는 한의학에서 궁합이 맞지 않는 음식이지요. 또 어의의 의견을 물리치면서까지 부자를 넣은 인삼차를 올리기도 했고요. ▶1728년(영조 4)에 이인좌의 난이 일어났을 때 이인좌가 든 반란의 이유도 그것이었습니다. 이런 부담감 때문에 부왕은 매번 전위 소동을 일으켜 자신이 왕위에 뜻이 없다는 점을 알리고 싶어 했지요. 독살설은 천부당만부당하다는 뜻을 보이고자 한 것이지요.

김딴지 변호사 실제로 피고는 왕위에 집착하지 않았나요?

사도 세자는 김딴지 변호사의 질문에 잠시 비웃음인지 무엇인지 모를 묘한 미소를 지었다.

사도 세자 글쎄요. 하지만 왕의 자리에 연연하지 않던 중국 남송 때의 황제 영종을 닮고 싶어 한 것은 사실입니다.

김딴지 변호사 대리청정에 관해서도 하실 말씀이 있으시지요?

사도 세자 네. 부왕에게 대리청정의 명을 받은 것은 내 나이 열다섯 살 때였습니다. 대리청정이란 말 그대로 왕을

왕세제
왕위를 이어받을 왕의 아우를 말합니다.

부자
바꽃의 어린뿌리로 열이 많고 매운맛이 나며 독성이 강한 약입니다.

이인좌의 난
노론이 지지한 영조가 즉위하자 위협을 느낀 이인좌 등의 소론 강경파와 남인 일부가 주도한 반란입니다.

천부당만부당
어림없이 사리에 맞지 않는다는 뜻입니다.

교과서에는

▶ 이인좌가 경종의 죽음에 영조와 노론이 관계되었다고 주장하며 난을 일으켰습니다. 영조는 이 일을 계기로 붕당 간의 관계를 다시 조정하고 왕과 신하 사이의 의리를 확립할 필요성을 느꼈습니다. 이에 붕당을 없앨 것을 주장하며 왕이 내세우는 논리에 동의하는 탕평파를 중심으로 정국을 운영하였습니다.

대신하여 정치하는 것입니다. 숙종이 세자인 경종에게 대리청정을 시킨 일이 있으니 별다른 것이라고 할 수는 없습니다. 내 대리청정도 언뜻 보면 전례에 따른 일이었지요. 인사와 국방 등 중요 사항은 여전히 부왕의 권한으로 남아 있었고요. 그렇더라도 대리란 어느 경우나 그렇듯이 결코 쉬운 일이 아니었습니다. 더구나 어린 나에게는 무거운 짐일 수밖에 없었습니다. 총명하다고 해도 내가 알면 얼마나 알겠습니까? 내용이 복잡해서 이해하기 어려운 일도 있었고, 내 권한으로 해결하기 힘든 문제도 있었습니다. 부왕이 대리청정한 내용을 꼼꼼하게 살피면서 능력을 확인하려 했기 때문에 더구나 쉽지 않은 노릇이었습니다. 게다가 부왕은 까다롭기조차 했습니다. 단독으로 해결하기 어려운 일을 아뢰면 "그런 일도 처리하지 못하느냐"라고 했고, 어쩌다 혼자 처리한 일에 대해서는 "어째서 내게 품의하지 않았느냐"라는 식으로 야단쳤습니다.

김딴지 변호사 원고는 이럴 수도 저럴 수도 없는 상황에 놓이고 말았군요.

사도 세자 네. 그래서 결국 나는 신하들의 의견에 따르면서 무난하게 일하는 방향으로 가닥을 잡았습니다. 어차피 문제만 생기니, 내 의견은 거의 내지 않고 신하들의 의견에 따라 움직였습니다. 그러자 이번에는 신하들 쪽에서 반발했습니다. 좌의정 조문명이 내게 "확고하게 자신의 의지를 가지고 결정하는 일이 없으시다"라고 불만을 터뜨릴 정도였으니까요. 이래저래 나로서는 대리청정으로 인한 스트레스가 쌓일 수밖에요. 결국 울화증이 생겼고 시시때때로 알

수 없는 분노가 복받쳤습니다. 1753년(영조 29)에 내가 장인인 홍봉한에게 서신을 보내 울화증을 호소한 것도 이 때문입니다.

울화증
억울한 마음을 삭이지 못하여 몸이 아프거나 가슴이 답답하고 잠을 이루지 못하는 병을 말합니다.

김딴지 변호사 홍봉한에게 서신을 보낸 날짜를 기억하십니까?

사도 세자 확실하게 기억나지는 않습니다만 여름인 것은 분명합니다. 더위 때문에 열이 더욱 높아지고 울화증도 극도에 이른 상태라고 썼으니까요. 도저히 치밀어 오르는 울화를 참아 내기가 어려웠습니다.

김딴지 변호사　판사님, 원고는 이렇게 어린 나이부터 큰 스트레스에 시달려야 했습니다. 얼마나 답답하고 괴로웠으면 장인에게 이와 같은 서신을 보냈겠습니까? 제삼자가 원고의 심정을 알기란 어려울 것입니다. 이 울화증이 발병한 이후로 원고는 때때로 주위 사람들을 죽이기 시작했습니다. 울화증에 동반된 극도의 분노가 그렇게 만든 것이지요.

이대로 변호사　판사님, 지금 원고 측 변호인의 이야기는 원고가 정신 이상이라는 것을 증명합니다. 아무리 세자라고 해도 살인이라니요? 요즘으로 따지면 민감한 인권 문제 아닙니까?

판사　그렇군요. 분명히 그냥 넘어갈 수는 없는 문제입니다.

이대로 변호사　물론 조선 시대 세자라는 입장에서야 그 일이 어찌어찌 무마될 수도 있었겠지요. 그렇더라도 옷 입을 때 두려워했다는 의대증은 어떻게 생각해야 할까요? 옷 한 벌 입는데 수십 벌의 옷을 꺼내 놓고, 간혹 옷에 불을 지르기도 했다고 합니다. 혜경궁 홍씨의 말에 비춰 보더라도 이는 사실로 보입니다. 그렇다면 원고는 정신적으로 문제가 있었다고 보아야 할 것 같은데요. 판사님, 이쯤에서 피고의 말을 들어 보고 싶습니다.

판사　인정합니다. 피고, 나와 주시지요.

원래 영조는 법정에 모습을 보이고 싶어 하지 않았다. 아들과 직접 얼굴을 마주치고 싶지 않았기 때문이다. 노년치고는 단단하고 건강해 보이는 모습이었지만 표정은 무척이나 침통했다.

탕평책이란?

탕평책이란 조선 후기 당파 대립으로 인한 폐단을 없애려고 실시한 정책입니다. 숙종 대에 시행되었지만 실제적인 효력을 발휘한 것은 영조 대부터입니다.

탕평책을 이론화한 사람은 숙종 대 소론의 영수였던 박세채입니다. 그 이론적 근거는 유학의 경전인 『서경』의 「주서」 홍범 편에 나오는 기록에서 비롯됩니다. 여기에 보면 "편벽되지 않고 무리를 짓지 않아야 왕도가 평탄하며, 무리를 만들지 않고 사적인 견해에 따라 편벽되지 않는다면 왕도가 평안해질 것이다(무편무당 왕도탕탕 무당무편 왕도평평, 無偏無黨 王道蕩蕩 無黨無偏 王道平平)"라는 말이 나옵니다. '탕평'이라는 말도 원문에 나오는 '탕탕평평'에서 나왔습니다. 이 글에서 볼 수 있듯이 그 취지는 왕을 우위에 두고 그가 바른 정치를 할 수 있도록 하는 신하들의 도리를 밝힌 것입니다. 당파에 따라 견해를 달리하고 대립하기만 하여 왕의 정치에 막대한 문제를 초래했으니 반성하자는 의미이지요.

영조는 부왕인 숙종과 경종 대에 주로 노소론 간의 당쟁으로 인한 끔찍한 재난을 목격하였고, 모함을 받아 목숨마저 위태로운 경험도 하였습니다. 또 1728년(영조 4)에 소론 강경파가 주도한 이인좌의 난을 통해 그 폐해를 더욱 통감하였지요. 이에 따라 영조는 당파를 고르게 관직에 안배하는 식의 인사 정책으로 당파의 대립을 해소하고자 하였습니다. 이 정책은 흔히 '쌍거호대(雙擧互對)'라고 하는데, 가령 영의정이 노론이면 좌의정은 소론을 쓰는 식으로 고르게 인사하는 방식이었습니다.

영조는 1742년(영조 18)에 지금의 국립 대학에 해당하는 성균관(현재의 성균관 대학교 자리에 위치)에 탕평비를 세워 그 뜻을 널리 알리기도 했습니다. 또 1772년(영조 48)에는 탕평과라는 과거 시험을 실시하여 탕평의 뜻을 더욱 굳건하게 내보였습니다. 그러나 영조 대의 탕평책이 성공적이었느냐 하는 점에서는 긍정적인 평가를 하기 어렵습니다. 영조는 초기에 노소론의 영수인 민진원과 이광좌를 서로 화해시키려 하는 등 많은 노력을 하였습니다. 이미 언급했듯이 인사에서도 당파를 고루 배치하는 등의 노력을 보였지요. 오늘날 정치권에서 지역을 고려하여 임용하는 것과 유사했습니다. 그러나 신하들은 여전히 당색을 버리지 않은 채 이러한 인사에 오히려 불만을 나타냈습니다. 거기다가 영조가 '나주괘서의 변'을 계기로 소론을 대대적으로 숙청하면서 탕평책은 상당한 타격을 입었습니다. 탕평책은 사도 세자의 아들이자 세손으로서 영조의 뒤를 이은 정조 대에 이르러서야 어느 정도 성공을 거둔 것으로 평가됩니다.

3

사도 세자는 영조를 이해했을까?

판사 피고, 먼저 자기소개부터 부탁드립니다.

영조 나는 조선의 제21대 왕인 영조입니다. 제19대 왕인 숙종의 둘째 아들로 태어났습니다. 생모는 숙빈 최씨이고요. 이런 이야기를 하기는 싫습니다만, 어머니는 궁녀들의 심부름을 하는 소위 무수리 출신이었지요. 우연히 부왕의 승은을 입어 나를 낳고 후궁까지 될 수 있었습니다. 출신이 보잘것없다고 할 수 있는데, 이로 인해 나는 어머니 집안에 관한 한 평생 열등감을 느끼며 살아야 했습니다.

급하게 말을 이어 가던 영조는 여기서 잠시 숨을 골랐다. 방청석에까지 무거운 분위기가 전해졌다.

판사 천천히 말씀해 주셔도 좋습니다.

영조 고맙습니다. 하지만 나머지는 이후에 필요하다고 생각될 때 더 말씀드리기로 하지요.

판사 알겠습니다. 그러면 피고 측 변호인, 신문 시작하시지요.

이대로 변호사 감사합니다, 판사님. 앞으로 피고의 진술을 통해 피고가 전위의 뜻을 밝힌 것은 깊은 뜻이 있어서임을 아시게 될 것입니다. 피고가 처했던 정치적 상황도 고려해야 하고요.

피고는 아버지인 숙종이 아니라 형인 경종으로부터 왕위를 물려받았습니다. 그 과정에서 갖은 고난을 겪었지요. 그 과정에 대해서 먼저 이야기해 주시겠습니까?

영조 그러지요. 나는 이복형인 제20대 왕 경종에게 왕위를 물려받았습니다. 그 과정은 무척 파란만장했습니다. 경종은 잠시나마 중전 자리에도 올랐던, 저 유명한 희빈 장씨의 소생입니다. 나보다 여섯 살이 많았지요. 어릴 때부터 나는 이분을 좋아하며 따랐습니다. 경종도 나를 귀여워했기 때문에 우리는 그야말로 다정한 형제였습니다. 그러나 어머니들 사이는 전혀 달랐지요.

판사 그렇겠지요. 그 유명한 희빈 장씨와 인현 왕후, 숙빈 최씨가 아닙니까.

영조 말씀하신 대로입니다. 두 분이 싸우던 일을 생각하니 저절로 마음이 무거워집니다. 생모인 숙빈 최씨는 희빈 장씨에게 엄청난 미움을 받고 있었습니다. 희빈 장씨와 인현 왕후 사이가 아주 나빴는데 숙빈 최씨는 인현 왕후와 가까웠기 때문입니다. 여기에는 고질적인 당파 싸움도 끼어들어 있었습니다. 인현 왕후는 노론 집안 출신으로 당연히 노론의 지지를 받고 있었습니다. 이에 비해 희빈 장씨는 남인 출신이었고, 남인은 물론 소론의 지지도 함께 얻고 있었습니다. 희빈 장씨는 중인 출신이었기 때문에 당당한 양반 가문 출신인 인현 왕후와는 집안만으로도 서로 화합하기 어려웠다고나 할까요? 그러나 보다 직접적인 대립의 원인은 숙종이 희빈 장씨를 사랑한 데 있었습니다. 그저 사랑하는 것에 그치지 않고 인현 왕후를 내쫓은 뒤 희빈 장씨를 중전 자리에 앉힐 정도였습니다. 이로 해서 엄청난 비극이 생겨나게 되었지요. 중전이 바뀌는 것에 따라 노소론을 비롯한 당파의 세력 판도에도 변화가 오는 등 정치권이 요동치게 되었으니까요. 숙종은 나중에 다시 희빈 장씨를 중전의 자리에서 물러나게 하고 인현 왕후를 복위시킵니다. 이로 인해 당파와 정치권에 또 한 번 세찬 회오리바람이 몰아친 것은 물론입니다.

영조는 여기서 물을 청해 마셨다. 나이가 많은 데다 꺼내기 힘든 말까지 하느라 속이 타는 모양이었다. 방청석에서 누군가 가만히 속삭이는 소리가 들렸다.

"힘들겠지. 회상하기도 싫은 일을 말해야 하니 말이야."

그 말에 끄덕이는 방청객들이 꽤 눈에 띄었다. 곧 영조의 말이 이어졌다.

영조 희빈 장씨와 인현 왕후의 이야기는 사극으로도 여러 번 방

갑술환국
1694년(숙종 20) 인현 왕후의 복위를 반대하던 남인이 실권하고 소론과 노론이 재집권하게 된 사건입니다.

영된 것으로 알고 있습니다만, 정말 그럴 만도 합니다. 엎치락뒤치락하는 양상이 이어져서 시청자들에게는 흥미를 줄 수 있을 테니까요. 모두 알다시피 중전에서 쫓겨난 희빈 장씨는 가만히 있지 않았습니다. 무당을 불러 인현 왕후를 저주하는 행위를 했지요. 그 때문인지 인현 왕후는 복위되고 얼마 지나지 않아 시름시름 앓다가 결국 죽고 말았습니다. 처음에는 누구나 그분의 명이 짧아서 세상을 떠난 것으로 생각하고 있었습니다. 그러나 희빈 장씨의 저주가 밝혀지자 상황이 달라졌지요. 인현 왕후에 대한 희빈 장씨의 저주 행위를 숙종에게 알린 사람이 바로 나의 생모인 숙빈 최씨였습니다. 이 일로 희빈 장씨는 사약을 받고 죽게 되었지요. 희빈 장씨가 중전에서 쫓겨난 갑술환국 이후 세력을 회복한 노론의 기세가 한층 높아지게 되었습니다. 그래서 숙종 말년에는 노론이 정국을 주도했지요. 숙종이 말년에 경종의 능력에 대해 의구심을 보이자, 노론이 당시 연잉군이던 나를 세자로 세우려는 공작도 펼쳤을 정도입니다.

이대로 변호사　어찌 됐든 그런 상황에서도 남인과 소론의 지지를 받던 경종이 왕위에 올랐군요.

영조　그렇습니다. 거기에도 우여곡절이 많았지요. 하지만 엄청난 비극을 겪으면서도 나와 경종 사이는 악화되지 않았습니다. 경종이 워낙 착한 분이었으니까요.

이대로 변호사　경종이 즉위한 이후의 상황은 어땠나요?

영조　여전히 노론이 득세하고 있었지요. 나는 특별히 어느 당파

를 따를 생각은 없었습니다만 생모인 숙빈 최씨가 노론과 밀접한 관계였고, 나의 양모이자 숙종의 후궁인 영빈 김씨 또한 노론 출신이었습니다. 그러한 정치적인 이유로 나는 노론의 당색을 띠게 되었지요. 노론은 경종이 말을 제대로 하지 못하는 실어 증상을 보인 데다가, 숙종 말년 4년간 대리청정을 하면서도 확고하게 의사를 결정하는 모습을 보여 주지 못했다고 공격했습니다.

이대로 변호사 당시의 당파 싸움은 서로의 목숨까지 위협하는 치

정성 왕후
영조의 정비로 1757년 66세의 나이로 죽었습니다.

열한 것이었지요?

영조 그렇습니다. 생모인 숙빈 최씨가 나를 영빈 김씨의 양자로 들인 것도 그런 이유였습니다. 영빈 김씨는 숙종 때 영의정을 지낸 김수항 집안의 사람이었습니다. 나를 양자로 보내 변변하지 못한 가문에서 벗어나게 하는 동시에, 노론 세력의 비호로 내 목숨을 지킬 수 있기를 바란 것이지요. 영빈 김씨에게는 마침 소생이 없었으므로 서로 좋은 일이 된 셈이지요. 이러한 여러 사정으로 해서 나는 좋든 싫든 세상 사람들에게 노론으로 인정될 수밖에 없었습니다. 후에 정성 왕후가 된 나의 아내 서씨도 노론이었고요. 답답한 현실이었지만 나는 당파의 이해관계를 떠날 수가 없었지요.

방청석에서 영조의 이야기를 듣던 사람들 사이에서는 탄식처럼 이런 말들이 나왔다.

"왕이라도 자기 마음대로 살 수가 없군. 영조는 자기 의사와 상관없이 노론으로 분류된 것이 아닌가."

"마음대로 할 수 없는 일이 어디 그런 일뿐인가. 태어나는 것부터가 그렇지 않은가."

"이 사람아, 그래도 지금은 조선 시대와는 다르네!"

한편에서는 오히려 이런 이야기가 지루하다는 의견도 있었다.

"지겨운 당파 싸움 이야기만 늘어놓네. 대부분 다 아는 이야기 아닌가."

이때를 놓치지 않고 김딴지 변호사가 말했다.

김딴지 변호사　판사님, 피고의 이야기가 너무 길어지고 있습니다. 상관없는 내용으로 재판을 자기에게 유리하게 이끌어 가려는 의도가 의심됩니다.

판사　원고 측 변호인의 말씀은 잘 알겠습니다. 하지만 노소론 간의 대립을 아는 것은 피고인 영조의 행동을 이해하는 데 중요한 열쇠가 됩니다. 앞서 원고인 사도 세자가 피고의 행동을 이해할 수 없었다고 토로하지 않았습니까? 그래서 피고의 행동이 어떤 이유로 일어났는지를 들어 보려는 것입니다. 이것은 이번 재판에서 아주 중요한 내용이에요. 피고, 계속 말씀하시지요.

영조　경종이 즉위하자 노론들은 그를 무력화시키려고 집요한 공세를 펼쳤습니다. 경종에게 왕자가 없는 것을 이용해 나를 세자의 지위에 앉히려고 했고 결국 성공시켰습니다. 연잉군이던 나는 왕세제가 되었지요. 경종이 아직 30대여서 소생을 볼 가능성이 없지 않았건만, 노론은 경종을 강박하여 이런 결과를 만들어 냈습니다.

김딴지 변호사　판사님! 피고는 노론의 지지로 왕이 되었으면서도 마치 자신은 가담하지 않은 듯이 이야기하고 있습니다.

이대로 변호사　아닙니다, 판사님! 앞서 말했듯이 피고의 뜻과는 상관없이 펼쳐진 일이었습니다.

판사　알겠습니다. 피고, 계속 말씀하시지요.

영조　▶노론의 행태는 거기서 끝난 것이 아닙니다. 이번에는 경종

신임사화
노론이 숙종 말년부터 경종을 제거할 음모를 꾸며 왔다는 목호룡의 고변을 계기로 일어난 사화입니다. 소론은 노론이 대리청정을 주장한 것도 경종 제거가 목적이었다고 생각했습니다. 8개월 동안 국문이 진행되었고, 그 결과 노론의 대다수 인물이 화를 입었습니다.

에게 압박을 가해 왕세제인 내게 대리청정까지 맡기도록 했습니다. 당시 왕에게 대리청정을 강요하는 일은 씻을 수 없는 불충으로 여겨졌습니다. 하지만 노론은 나를 실권자로 내세워 세력을 공고히 하려는 목적에 정신이 팔려 있었지요. 경종은 처음에는 건강 문제 때문에 대리청정을 받아들였지만 소론 대신들의 반대에 맞닥뜨리자 번복했습니다. 결국 이 문제는 없던 일로 끝났지요.

판사 　조선 시대 당쟁의 폐해는 우리가 익히 아는 일이지만, 피고의 진술을 듣고 보니 새삼 탄식하는 마음이 생깁니다.

이대로 변호사 　험악한 당파 싸움 과정에서 피고의 생명이 위태로운 경우도 많았지요?

영조 　물론입니다. 살얼음판을 걷는 것 같은 상황이 매번 연출되었습니다. 특히 이조 참판으로 신임사화를 주도한 김일경은 나를 역적으로 여기고 죽이려고 했지요. 뿐만이 아닙니다. 김일경과 결탁한 내시 박상검 역시 사사건건 나를 괴롭혔습니다.

판사 　일개 내시가 왕세제를 괴롭히다니요? 그런 일이 가능했습니까?

영조 　내시 박상검은 당시 스무 살 남짓이었습니다. 머리가 비상하고 문장력도 좋았지요. 경종이 신하들에게 내리는 글, 예를 들어 승정원에 내리는 비망기 등을 그자가 작성하는 경우가 많았습니다. 경종의 신임도 두터웠고요. 그자는 내가 경종에게 문안드리러 가는 길도 막을 정도였

교과서에는

▶ 숙종 시대의 잦은 환국은 숙종 말에서 경종에 이르는 동안에 왕위 계승 문제를 둘러싸고 노론과 소론이 치열하게 대립하는 계기가 되었습니다. 특히 경종 때에는 왕세제(영조)의 대리청정 문제로 노론과 소론의 대립이 격화되었습니다.

습니다. 나와 경종 사이를 떼어 놓고 나를 왕세제 자리에서 쫓겨나도록 하려던 것입니다. 그 외에 경종 측근의 몇몇 궁녀들도 박상검과 한통속이 되어 내가 불리해질 일을 벌이곤 했습니다. 돌이켜 생각해 보면 참으로 창피하고 기가 막힌 일을 당했던 것이지요. 결국 소론의 온건파 대신들이 경종에게 사실을 알렸고, 박상검과 궁녀들이 사형을 당하면서 일단락되었습니다. 그 과정에서 내가 겪었던 마음의 고통이란 상상할 수도 없을 지경이었지요. 1722년(경종 2)에 일어난 목호룡의 거짓 고변으로 나는 사형을 당할 위기에 처하기도 했습니다. 목호룡이란 자는 수완이 좋아서 남인이면서도 노론의 사대부 양반들과 친하게 지냈습니다. 그러더니 마치 노론이 왕을 시해하려 했던 것처럼 음모를 꾸몄지요. 나도 그 사건에 관여한 것으로 만들었고요. 노론을 일망타진하고 나를 죽이려고 저지른 짓이지요. 게다가 어느새 그 사건의 주모자가 나인 것처럼 되어 있었습니다. 죄인들을 심문하던 조태억, 최석항 등 소론의 온건파 대신들이 깜짝 놀라 이 내용을 기록에서 삭제할 정도였지요.

고변
반역 행위를 고발하는 것을 말합니다.

이대로 변호사 피고가 얼마나 어려운 과정을 겪으며 왕이 되었는지 알겠습니다. 그런데 왕이 된 후에도 이렇게 왕위를 둘러싼 당파 싸움이 계속되었지요?

영조 그렇습니다. 소론과 노론이 목숨 걸고 상대를 공격하던 시기이다 보니 나는 왕위에 오른 후에도 반대 당파의 온갖 모함을 견뎌 내야 했습니다. 내가 왕이 될 수 있었던 것은 형인 경종의 지극한 배려 덕분입니다. 내가 황형이라고 부르며 평생 존경하고 마음에 모시고 살았던 분이지요. 그분의 따뜻한 배려가 있었기에 내가 살아남고 왕이 되는 일이 가능했습니다. 그런데도 내가 왕위를 차지하려고 형인 경종을 죽였다는 소문이 이어졌습니다. 또 천한 무수리의 아들이기 때문에 왕위에 적합하지 않다고도 했고요.

영조의 주름진 눈가에 눈물이 맺혔다. 진심이 서린 왕의 눈물에 모두들 숙연해졌다.

이대로 변호사　　그렇군요. 그래서 자신이 왕위에 집착하지 않는다는 것을 보여 주기 위해 전위하려고 했던 것입니까?

영조　　그런 면도 있었습니다. 당파 싸움으로 왕이 되었지만 그 때문에 목숨의 위협과 모함에도 시달려야 했으니까요.

이대로 변호사　　그런데 원고는 아들로서 피고의 이런 마음을 전혀 몰라주고 불만만 품은 것이군요?

영조　　그렇다고 할 수도 있지만, 내가 온전히 세자의 마음을 알아주지 못한 부분도 있을 것입니다. 모든 것이 내 부덕이니 정말 면목이 없습니다. 나는 당시 세자가 전적으로 정신 이상이었다고는 생각하지 않습니다. 하지만 과연 전적으로 온전했느냐 하고 묻는다면 거기에도 동의하기 어렵지요. 옷을 입다가 발작을 일으켜 공연히 은전군의 어미인 경빈 박씨를 때려죽이고, 여승인 가선을 궁으로 끌어들였으며, 상인들에게 돈을 빌리고는 갚지 않기도 했습니다. 또 걸핏하면 성 밖으로 미행을 나갔고요. 1761년(영조 37) 5월에는 20여 일간 나도 모르게 평양을 다녀오는 일명 '관서행'까지 행했으니, 내 입장에서는 도저히 정상으로 보기 어려웠습니다.

미행
지위가 높은 사람이 신분을 감추고 무엇을 몰래 살피러 밖으로 나가는 일을 말합니다.

판사　그 외에 또 별다른 점은 없었나요?

영조　글쎄요…….

이대로 변호사　판사님, 피고가 아들의 이상 증세를 직접 말하는 것을 괴로워하니 제가 대신 말씀드리고 마치겠습니다. 세자는 도교의 경전인 『옥추경』을 읽었다고 합니다. 이 책에는 개인적인 수양이나 무속과 관련된 내용이 많이 들어 있습니다. 유학을 내세우는 조선의 세자가 읽을 필요가 없는 책이지요. 제가 알기로 그 책은 조선 초기에 기우제를 주관하던 소격서 관원들의 수험서였습니다. 그 후에는 이단서로 취급되어 왔고요. 그런 책을 세자가 읽었다는 것부터 정상일 수 없다고 봅니다. 세자는 마음이 울적할 때면 이 책을 읽으며 위안을 받은 것 같습니다. 그런데 이 책을 읽다가 무엇이 무서웠던지 '옥추'라는 두 글자를 제대로 읽지 못하게 되었다고 합니다. 『옥추경』에 의거해 만들어진 구급 약재로 '옥추단'이라는 것이 있습니다. 그때는 이것을 발로 차면서 재앙을 물리치는 습속이 있었지요. 그런데 세자는 이 '옥추단'조차 무서워했다고 합니다. 이런 정황으로 볼 때 세자는 정신 이상이 있었던 것이 분명합니다.

판사　알겠습니다. 원고 측 변호인, 신문하시지요.

김딴지 변호사　만에 하나 원고에게 이상 증세가 있었더라도 그에 대한 피고의 책임을 먼저 이야기하고 넘어가야 합니다. 피고는 매사 깐깐하고 소심한 성격으로 세자에게 많은 스트레스를 주었지요? 원고가 금서인 『옥추경』을 읽게 된 것이나 그와 관련해 이상한 모습을 보인 것이 피고와 전혀 관련이 없다고 보십니까? 피고 자신의 성격이나 잦은 전위 소동 등으로 인해 원고에게 정신적으로 충격을 주었다고는 생각지 않으십니까?

공격적인 김딴지 변호사의 질문에 방청석은 또 한 번 술렁거렸다. 영조는 그런 질문을 예상했던 것처럼 오히려 침착한 모습이었다.

영조 나는 대범하거나 매사를 대강대강 처리하는 성격은 아닙니다. 세자가 그런 내 성격이나 행동 때문에 스트레스를 받았을 가능성은 있습니다. 하지만 원래 세자의 자리에는 많은 책임이 따릅니다. 그 때문에 울화증이 생기고 나아가 이상 증세까지 보이게 되었다면 세자로서 적합하지 않았다는 증거이겠지요. 그것은 나로서도 어쩔 수 없는 일이었습니다. 고의로 세자를 그렇게 몰아간 것은 아니니까요.

김딴지 변호사 책임만 지우고 보듬어 주지 못한 것이 죄가 아니란 말입니까? 어린 피고를 저승전에 떼어 놓은 것도 모자라 전위하겠다고 소동을 피워 놀라게 하다니요!

영조 내가 몇 번 전위하고자 했던 게 마치 일종의 쇼처럼 해석되고 있는 것에는 전혀 동의할 수가 없습니다. 그건 나의 진심에서 나온 행동이었습니다. 나는 선왕인 경종이 살아 있을 때도 왕세제 자리를 여러 번 사양했습니다. 서로 죽고 죽이는 권력 다툼의 아비규환에 끼어들고 싶지 않았기 때문입니다. 맹세코 나는 그저 왕자 중의 한 명으로 평생 살아가기를 바랐습니다. 왕이 되어서도 왕위에 오래 있고 싶은 마음은 전혀 없었고요. 전위 소동이라니요? 그것은 나의 진심에서 우러나온 몸부림이었다고 할 수 있습니다.

김딴지 변호사　피고는 원대한 정치적 이상을 가지고 있었던 것으로 알고 있습니다. 왕의 자리에 욕심이 없었다는 말이 이해되지 않는데요.

영조　일단 왕의 자리에 올랐으니 최선을 다하려고 했을 뿐입니다. 나는 유학에서 최고의 이상으로 여기는 요순의 정치를 실현하고자 했습니다. 중국 한나라의 문제, 당나라의 태종도 훌륭한 임금으로 평가되고 있었습니다만, 나는 그들조차 마음에 차지 않았습니다. 요순과 같은 정치를 이룩해야 한다고 생각하고 결의를 다졌지요. 그러나 현실은 달랐습니다. 해마다 흉년이 들어 굶주리는 백성들이 많아졌지요. ▶탕평책을 펼쳤음에도 신하들은 여전히 으르렁거리며 당파 싸움에 여념이 없었습니다. 나는 나날이 능력 부족을 통감하였습니다. 전위하려는 뜻은 나의 진심이 행동으로 표출된 것이었습니다.

김딴지 변호사　그 이야기는 핵심에서 벗어나 있습니다. 중요한 것은 원고가 정신 이상이었느냐, 그리고 만일 그것

아비규환
지옥처럼 차마 눈 뜨고 보기 힘든 끔찍한 상황을 말합니다.

요순
고대 중국의 왕, 요 임금과 순 임금으로 어질고 현명한 왕의 대표적인 예입니다.

문제
중국 한나라의 5대 황제로 태평성대를 이루었다는 평가를 받았습니다.

태종
중국 당나라의 2대 황제로 제도를 정비하고 나라의 기초를 쌓았습니다.

교과서에는

▶ 영조의 탕평책은 붕당 정치의 폐단을 근본적으로 해결한 것은 아니었습니다. 강력한 왕권으로 붕당 사이의 치열한 다툼을 일시적으로 억누른 것에 불과하였습니다.

갑론을박
여러 사람이 서로 자신의 주장을 내세우며 상대편의 주장을 반박하는 상태를 말합니다.

이 사실이라면 그 원인이 피고의 별난 성격이나 행동과 관련되어 있었는가 하는 점입니다. 이에 대하여는 충분한 해명이 되지 않았습니다. 지금 한 이야기는 일종의 자기 선전이 아닙니까?

이대로 변호사 판사님, 이의 있습니다. 원고 측 변호인은 지금 피고를 정신적으로 압박하고 있습니다.

판사 인정합니다. 원고 측 변호인은 자제해 주세요.

이대로 변호사 피고는 세자의 정신 상태에 관해 이미 '딱 잘라 이상이 있다고 말할 수는 없지만 분명히 정상으로 보기도 힘든 상태'라고 했습니다. 그러니 세자나 왕으로서의 역할을 수행할 수 있는 상태는 더더욱 아니었지요. 그리고 이런 사실은 아무리 증인을 내세워 갑론을박해도 결론이 나지 않을 것 같습니다. 이에 본 변호인은 원고의 정신 감정을 신청하는 바입니다.

판사 알겠습니다. 피고 측 변호인이 감정 신청서를 제출하면 공인된 감정 기관에 판단을 의뢰하겠습니다. 세자의 정신 이상 여부에 대한 판결은 그 결과가 나온 후에 내리도록 하겠습니다. 다음 재판에서는 사도 세자가 역모를 일으키려 한 것이 사실인지 알아보도록 하겠습니다. 오늘 재판은 여기서 마치겠습니다.

땅, 땅, 땅!

다알지 기자

시청자 여러분, 안녕하십니까? 누구보다도 신속하고 정확한 뉴스를 전해 드리는 역사공화국의 다알지 기자입니다. 오늘은 사도 세자와 영조의 재판 첫째 날로 양측은 사도 세자의 정신 상태를 두고 서로 상반된 입장을 보였습니다. 사도 세자는 자신이 정상이었다고 주장한 반면 영조는 정신병이었을 가능성을 열어 두는 모습이었지요. 오늘 피고 측에서는 재판부에 원고인 사도 세자의 정신 감정을 신청하였습니다. 그 결과가 어떻게 나올지는 알 수 없습니다만, 우선 원고와 피고를 만나 오늘의 재판에 대해 들어 보겠습니다.

사도 세자

나는 어려서부터 똑똑하다는 소리를 들었고 대리청정의 임무까지 도맡아 처리하였습니다. 그런데 정신 이상이라니요? 노론의 정치적인 압박과 부왕의 의심만 아니었다면 아무런 문제 없이 평생을 살아갔을 것입니다. 나는 오늘 재판에서 그것이 입증되었다고 봅니다. 피고 측이 반박할 증거를 전혀 내세우지 못했으니까요. 만일 정말로 내 정신에 문제가 있다면 정신 감정보다는 증거를 대는 편이 빠르지 않았을까요? 정신 감정 결과는 물론이고 이에 대한 재판 결과 역시 우리 측의 승리로 귀결되리라고 봅니다.

영조

오늘 우리 측 변호인이 사도 세자의 정신 감정을 재판부에 요청했습니다. 주관적일 수밖에 없는 증인들의 말보다 전문적인 공인 기관의 판정을 구하는 것이 더 객관적이고 신뢰성을 높일 수 있다고 보았기 때문입니다. 게다가 사도 세자에 관한 공식적인 문서는 거의 남아 있지 않습니다. 당쟁의 씨앗이 될 것을 우려해 태워 버렸으니까요. 어느 쪽으로 결론이 내려지든 마음 아프겠지만 진실이 정말 궁금합니다.

사도 세자가 반역을 꾀한 것이 맞지요?
글쎄요. 그럴 수도 있겠지만 아닐 수도 있지요.

재판 둘째 날

사도 세자는 역모를 꾀하였을까?

1. 나경언은 왜 사도 세자를 모함했을까?
2. 영조의 주변에는 어떤 인물들이 있었을까?
3. 사도 세자는 왜 평양에 갔을까?

교과 연계

한국사
Ⅲ. 조선 사회의 변화와 서양 열강의 침략적 접근
2. 조선에서도 근대의 기운이 움트다
(1) 영·정조, 탕평책을 통해 정국을 주도하다

1 나경언은 왜 사도 세자를 모함했을까?

오늘 재판에서 사도 세자의 역모 여부를 밝힌다는 것이 알려져 방청석은 첫째 날보다 더욱 붐볐다.

"이거야말로 중요한 문제로군. 사도 세자가 죽임을 당한 것도 결국 그 때문일걸?"

"정말로 사도 세자가 역모를 꾀했단 말이야?"

"그럴 가능성은 별로 없어. 노론 측의 모략일 거야."

"궁지에 몰렸고, 영조와도 사이가 멀어졌으니 모를 일이지."

이때 판사가 들어와 법정을 둘러보며 주의를 주었다.

판사 모두 조용히 해 주십시오. 지금부터 두 번째 재판을 시작하겠습니다. 오늘은 원고인 사도 세자가 역모를 꾀했다는 주장이 사실인지 가리도록 하겠습니다. 먼저 원고 측 변호인이 설명해 주시지요.

형조
조선 시대에 육조(六曹) 가운데 법률, 소송 등을 맡아보던 관아입니다. 지금의 법무부에 해당됩니다.

김딴지 변호사 피고 영조가 원고를 죽인 이유에 대해 여러 추측이 있습니다. 그중 대표적인 것이 원고가 역모를 꾀했을 것이라는 설이지요. 여기에는 1762년(영조 38) 5월 나경언의 고변이 결정적인 작용을 했습니다. 원고가 피고를 죽이고 정권을 잡으려 한다고 형조에 글을 올렸던 것입니다. 이 보고는 당연히 피고의 귀에도 들어갔지요.

판사 나경언은 어떤 사람입니까?

김딴지 변호사 소론이던 윤급의 청지기였는데 폭력배 기질이 있고 사기성도 농후한 사람이었던 것으로 알려져 있습니다. 나경언은 고변서를 올릴 당시 모든 일에 실패하여 먹고살기가 아주 어려운 상태였습니다. 돈이 생기는 일이라면 무엇이든 하려 들 형편이었지요. 그래서 세자를 해치려는 무리의 사주를 받고 무고에 나선 것입니다. 게다가 고변서 원본이 불태워져 내용을 정확히 파악할 수가 없는 상태입니다.

판사 원본이 불태워졌다고요?

김딴지 변호사 그렇습니다. 피고가 불태우게 했습니다. 고변서는 피고와 당시 영의정이었던 홍봉한, 좌의정이었던 윤동도만 읽었고 홍봉한이 불태우기를 청해서 결국 없어졌습니다.

판사 그렇군요. 내용은 세상에 알려져 있습니까?

김딴지 변호사 『영조실록』의 기록에 따르면 고변서에 원고의 문란

인륜
왕과 신하, 아버지와 아들, 형제, 부부 등 사람 사이의 질서를 말합니다.

한 여자 관계 등 개인적인 비리가 적혀 있었다고 합니다. 그러나 세자의 목숨까지 앗아 간 것으로 볼 때 틀림없이 역모와 관련된 내용이 들어 있었을 것입니다. 고변서를 읽은 영조가 변란이 가까이 있다고 소리치고 대궐문을 닫으라고 엄중하게 지시했으니까요. 원고가 지내던 창덕궁의 경비 병력도 3분의 1로 줄였습니다.

판사　정말 역모를 도모했다면 국가적인 죄이고 부자 간의 인륜에도 크게 어긋나는 일입니다.

김딴지 변호사　이 부분에서는 사건의 당사자인 원고의 말을 직접 들어 보고 싶습니다.

판사　좋습니다.

원고인 사도 세자가 자리에서 일어섰다. 그의 얼굴은 분노로 붉게 상기되어 있었다.

사도 세자　판사님, 나는 맹세코 그런 일을 하지 않았습니다. 아들로서 내가 어떻게 감히 그런 짓을 할 수 있겠습니까? 그 일은 노론 측의 음모에 지나지 않았습니다. 그들이 나경언에게 시킨 짓입니다!

판사　노론의 음모라고요? 원고와 노론의 관계가 그렇게 나빴단 말입니까?

김딴지 변호사　그렇습니다. 원고는 심정적으로 소론으로 기울어져 있었습니다. 그래서 노론은 원고를 폐위시키려고 했던 것입니다.

그렇지 않습니까, 원고?

사도 세자 맞습니다. 부왕인 영조, 장인 홍봉한이 모두 노론이었기 때문에 당연히 내가 노론의 지지를 받았을 것이라고 생각하겠지만 실제로는 그 반대였습니다. 나는 스무 살이 되기 전부터 조현명이며 이종성 등 소론의 신하들과 가깝게 지냈습니다.

노심초사
몹시 마음을 쓰며 애를 태우는 것을 말합니다.

판사 이해하기 힘든 일이군요. 뚜렷한 이유가 있었나요?

사도 세자 나는 부왕과 노론이 경종을 독살했다는 소문을 듣고 있었습니다. 그런데 실제로 그런 의심을 할 만한 일이 있었습니다. 부왕은 즉위 후 노론 대신들인 김창집, 이이명, 이건명, 조태채를 복권시켰지요. 그들은 영조가 왕세제이던 시절에 대리청정을 시키도록 경종을 압박한 주모자들입니다. 역적이나 마찬가지이지요. 그런데 부왕이 즉위 후 이들을 모두 복권시킨 겁니다. 이게 있을 수 있는 일입니까?

김딴지 변호사 원고는 소론의 신하들과 가깝게 지냈고 이런 점 때문에 노론의 공격 대상이 되었습니다. 피고의 나이가 많아지자 노론은 원고가 이대로 왕위에 오르게 될까 봐 노심초사했지요.

사도 세자 그렇습니다. 어쩌면 그런 부분에 대해서 내가 조금 더 신중하고 현명하게 대처했어야 한다는 생각이 듭니다. 결국 노론이 나경언 사건을 꾸며 나를 죽이고 말았으니까요.

판사 나경언 사건이 노론 측에 의한 것이라는 원고의 주장을 뒷받침할 만한 증거가 있습니까?

사도 세자 물론입니다. 나경언의 처자와 그의 형인 나상언을 직접 잡아들여 조사했으니까요. 그들은 사건의 궁극적 배후가 좌의정 윤

증광시
조선 시대에 나라에 큰 경사가 있을 때 실시하던 과거 시험입니다.

친국
왕이 중죄인을 직접 신문하던 일을 말합니다.

동도의 아들인 윤광유라고 했습니다만, 그는 나와 정치적 입장을 같이하는 소론입니다. 나를 모함에 빠뜨릴 리 없었지요. 그러니 노론 측의 조작이 분명했습니다. 무엇보다 고변의 당사자인 나경언이 부왕 앞에서 '모함'임을 자백하기도 했고요.

판사　나경언이 자백했다고요?

사도 세자　그렇습니다.

김딴지 변호사　판사님, 자백을 뒷받침할 만한 증인들을 신청하였습니다. 이이장과 정휘량을 증인으로 불러 주십시오.

판사　좋습니다. 증인들은 나와서 선서한 후 증언해 주시기 바랍니다.

이이장과 정휘량이 증인석으로 나왔다. 그들은 각기 법에 따라 진실만을 말할 것을 맹세하는 선서를 했다.

판사　증인들은 우선 자기소개를 해 주시기 바랍니다. 이이장 증인부터 말씀해 주시지요.

이이장　나는 1735년(영조 11)에 증광시에 합격하여 관직에 올랐습니다. 그때 내 나이 만으로 27세였지요. 나경언에 대한 영조 임금의 친국이 이루어졌을 때는 도승지 겸 동지의금부사로 참여하였습니다. 도승지는 요즘으로 따지면 왕의 비서실장 격이고, 동지의금부사는 국사의 중요한 재판을 담당하는 의금부의 고위 관원입니다. 그

저, 저놈이
감히!
저의 고변은
모함이었습니다.
흐흑.
아니,
뭐라고?
이런 짓을
벌이다니!

시삼촌
남편의 삼촌을 말합니다.

래서 그 자리에 참석하게 된 것입니다. 나는 나경언이 고변이 모함이라고 자백하는 것을 똑똑히 들었습니다.

판사 알겠습니다. 다음 증인, 말씀해 주시지요.

정휘량 나는 사도 세자의 막내 여동생인 화완 옹주의 시삼촌입니다. 나는 소론이고 이이장 증인도 마찬가지입니다. 하지만 세자와 정치적 입장이 같다고 해서 세자를 위해 거짓말할 생각은 전혀 없습니다. 그저 당일 새벽 친국 현장에서 나경언이 자신의 고변이 모함이라고 말하는 것을 분명히 들었을 뿐입니다.

김딴지 변호사 판사님, 그것이 과연 사실인지 피고의 이야기를 듣고 확인하고 싶습니다.

판사 피고, 두 증인의 말이 사실입니까?

영조가 머뭇거리며 일어나 약간 힘없는 소리로 마지못해 말했다.

영조 사실입니다. 그 자리에 있던 노론 측의 신하들도 함께 들었습니다. 그래서 결국 나경언을 처형하였습니다.

판사 그렇다면 원고가 역모를 기도하지 않았다는 사실이 명백해진 것 아닙니까?

영조 그렇다고 세자에 대한 의심을 완전히 풀 수는 없었습니다. 내게 들어온 여러 가지 정보가 있었으니까요. 무엇보다도 세자의 생모인 영빈 이씨의 말이 나의 마음을 어지럽혔습니다.

이대로 변호사 판사님, 영빈 이씨를 증인으로 세워 주시기 바랍니다.

2 영조의 주변에는 어떤 인물들이 있었을까?

판사의 허락에 따라 영빈 이씨가 증인으로 나섰다. 효장 세자가 죽고 왕위를 물려줄 아들이 없어 고민하던 영조에게 귀한 아들을 낳아 준 여인이 바로 영빈 이씨였다. 그녀는 어디로 보나 신중하고 너그러워 보이는 인상이었다. 선서를 한 그녀는 곧 자기소개를 시작하였다.

영빈 이씨 나는 사도 세자를 낳은 영빈 이씨입니다. 보통은 선희궁이라고 불렸지요. 영조 임금에게는 왕후였던 정성 왕후와 정순 왕후 외에 네 명의 후궁이 있었습니다. 나도 그중 한 사람이지요. 나는 영조 임금과의 사이에 1남 6녀를 낳았습니다. 그중 딸 셋은 어릴 때 죽었고 화평, 화협, 화완 옹주와 아들인 사도 세자만이 성인이 되었습니다. 화평과 화협 옹주도 스무 살을 겨우 넘기고 죽고 남은 자식은 사도 세자와 화완 옹주뿐이었지요.

이대로 변호사 그렇다면 사도 세자와 화완 옹주에 대한 증인의 사랑은 지극할 수밖에 없었겠군요.

영빈 이씨 그야 말할 것도 없지요. 특히 세자에게 엄청난 기대를 가졌던 것이 사실입니다. 자부심도 대단했고요.

이대로 변호사 그런데 왜 피고에게 세자를 밀고했지요? 그럴 만한 분명한 이유가 있었나요?

영빈 이씨 물론입니다. 아무런 이유도 없이 자기 자식에게 어찌 그런 일을 하겠습니까? 내가 그렇게 한 것은 자식보다 왕실과 나라가 중요하다고 생각했기 때문입니다. 또 밀고가 아니라 평소 보고 듣고 생각한 바를 영조 임금에게 직접 전한 것입니다. 나는 "세자가 변란을 기도한다는 말이 있다"고 전하였습니다.

이대로 변호사 증인 자신도 세자의 변란 가능성을 믿고 있었습니까?

영빈 이씨 가능성이 있다고 생각했으니 말하지 않았겠습니까? 우선 나는 세자의 비정상적인 행태를 걱정했습니다. 며느리인 혜경궁 홍씨의 말도 영향을 미쳤고요. 함부로 사람을 죽이고 땅을 파서 무기를 감추다니요? 도대체 왜 무기를 감추어 둔단 말입니까?

법정 안은 순식간에 소란스러워졌다. 영빈 이씨의 행동을 이해하고 지지하는 말과 비난하는 말이 여기저기서 튀어나왔다.

"아들보다 남편이 중요했다는 건가?"

"오죽하면 그랬겠어? 영빈 이씨도 어쩔 수 없었을 거야."

"그래도 그렇지, 아들을 어떻게…… 보기보다 독한 여자군."

"아들이지만 워낙 이상한 행동을 하니 어쩔 수 없었겠지. 영빈 이씨만 탓할 수는 없다고 봐."

영빈 이씨의 증언이 끝나자 이대로 변호사는 혜경궁 홍씨를 증인으로 채택했다. 미인인 데다 아주 총명해 보였다. 어릴 때부터 뛰어나게 똑똑했다더니 과연 그래 보였다. 모든 사람들이 그녀를 감탄하는 눈으로 바라보았다. 혜경궁 홍씨는 선서 후 증인석에 앉았다.

이대로 변호사　증인은 자기소개를 해 주시기 바랍니다.

혜경궁 홍씨　나는 1735년(영조 11)에 후일 노론의 영수가 된 아버지 홍봉한과 어머니 한산 이씨의 딸로 태어났습니다. 열 살 때 세자빈이 되었고요. 나는 마냥 행복할 것만 같았습니다. 장남인 의소 세손이 일찍 죽는 불행도 겪었지만 남은 아이들이 있었으니까요. 후일의 정조 임금과 청연, 청선 군주였지요. 하지만 시간이 지나면서 남편인 사도 세자의 이상 증세를 발견하게 되었습니다.

이대로 변호사　상심이 무척 컸겠군요.

혜경궁 홍씨　하늘이 무너지는 것 같았지요. 세자께서 열다섯 살 때 대리청정을 맡았습니다. 그 직무에 대한 중압감 때문인지도 생각해 보았지요. 어쨌든 정상과는 거리가 있는 행동들이었으니까요. 나를 만나러 궁으로 들어오셨던 친정어머니도 이를 눈치채고 한없이 근심하셨습니다. 아버지 홍봉한도 마찬가지였고요. 어머니는 세자의 이런 증세가 나아지도록 산천을 찾아다니며 빌기도 했다고 알고 있습니다.

이대로 변호사 증인은 시어머니인 영빈 이씨에게 남편의 이상 행동을 말씀드린 적이 있습니까?

혜경궁 홍씨 네, 있습니다. 남편의 행동이 하도 해괴해서 가끔 만나 뵐 때마다 근심 섞인 마음으로 말씀드렸습니다.

이대로 변호사 어떤 해괴한 행동인지 말씀해 주시겠습니까?

혜경궁 홍씨 땅을 파서 그 안에 등을 달아 놓고 이따금 들어가 지냈습니다. 무기는 물론 때로는 말까지 감추어 두었지요. 세자께서는 일종의 별난 취미로 여겼더라도 궁이란 법도가 지엄한 곳입니다. 다른 사람들이 과연 이를 어떻게 보았겠습니까? 세자께서는 부왕에 대한 적의도 공공연하게 드러냈습니다. 칼을 품고 부왕이 계신 경희궁으로 가 해칠 뜻을 비치기도 했습니다. 실제로 하수구를 통해 경희궁으로 가려다가 실패하고 돌아온 적도 있었습니다. 결국 이 일을 궁의 많은 사람들이 알게 되었고 온갖 말이 나왔습니다.

여기서 혜경궁 홍씨는 잠시 말을 잇지 못했다. 남편에게 불리한 증언을 해야 하는 자신의 처지가 서러웠기 때문일 것이다.

이대로 변호사 증인, 괴로우시더라도 계속해 주십시오.

혜경궁 홍씨 나는 이 모든 행동이 세자의 본심에서 나온 것이라고는 보지 않았습니다. 다만 세자로서 감당하기 어려운 여러 일을 겪

어서 스트레스가 쌓였겠지요. 이로 인해 울화증이 생기고 정신에도 이상이 왔다고 생각합니다. 걸핏하면 주위의 측근들을 죽였고 또 금방 후회하는 등 도무지 종잡을 수 없었지요. 심지어 세자께서 던진 바둑판에 맞아 제가 실명 위기에 처한 적도 있습니다.

이대로 변호사　　증인의 말씀으로 원고 사도 세자가 가장 가까운 측근조차 감싸 줄 수 없을 정도로 이상 행동을 보인 것을 분명히 알 수 있었습니다.

휘항
휘양의 원말입니다. 추울 때 쓰는 모자의 하나로 목덜미와 뺨까지 쌀 수 있도록 만들어졌습니다.

김딴지 변호사　판사님, 증인은 노론인 홍봉한의 딸입니다. 그래서 소론인 원고에게 불리한 말을 의도적으로 퍼뜨린 것일 수 있습니다.

이대로 변호사　원고 측 변호인은 지금 증인을 도발하는 겁니까? 무슨 말씀을 그렇게 하십니까?

판사　그만하세요. 증인, 계속하시지요.

혜경궁 홍씨　아까 부부 사이를 의심하는 말을 하셨지요? 혼인 초에 우리 사이는 아주 좋았습니다. 내 아버지 홍봉한이 궁에 들어올 때마다 세자는 장인으로 깍듯이 대우했지요. 아버지가 과거에 급제하셨을 때는 "장인께서 과거에 합격하시었다"라면서 기뻐 어찌할 줄 몰랐을 정도입니다.

판사　원고 측 변호인, 증인 신문 하시겠습니까?

김딴지 변호사　증인은 부부 사이가 나쁘지 않았다고 말씀하셨습니다. 하지만 제가 조사한 내용은 다릅니다. 원고가 피고의 친국을 받고 죽음을 목전에 둔 상황일 때 증인이 원고에게 냉랭하게 굴었다는 말이 있습니다. 대체 왜 그런 말이 나왔을까요?

혜경궁 홍씨　아마도 휘항이라는 방한모 때문에 나온 말인 것 같습니다. 세자께서는 그날 나에게 세손의 휘항을 가져다 달라고 부탁했습니다. 그것을 쓰고 학질에 걸린 것처럼 아파 보이려 했던 것 같습니다. 나는 세손의 휘항은 작아서 머리에 맞지 않을 테니 본인의 것을 쓰시라고 권하였습니다. 그리고 옆에 있는 나인을 시켜 가져오도록 일렀지요. 그랬더니 세자께서는 자신이 곧 죽을 것이고, 내가 그것을 꺼려서 세손의 휘항을 가져다주지 않는 것으로 생각했지요. 나는 뜻밖의 말에 놀라서 곧 세손의 것을 가져다 드렸지만 세자는 싫다면서 거절하셨습니다.

일거일동
하나하나의 동작이나 움직임을 말합니다.

김딴지 변호사　그렇게 오해할 만큼 관계가 악화되어 있었던 것은 아니고요?

혜경궁 홍씨　그런 식으로 말씀하지 마세요. 부부 사이는 이런 일만으로 가볍게 평가할 수 있는 것이 아닙니다. 물론 우리 사이가 특별히 좋았다고는 볼 수 없습니다. 세자께서 걸핏하면 사람을 죽이고 이상한 행동을 보였으니까요. 하지만 나는 세자빈이었습니다. 지켜야 할 것들도, 넘지 말아야 될 선도 많았고요. 그리고 세자에게 불리한 증언을 할 의사는 추호도 없습니다. 믿어 주십시오.

판사　증인, 수고하셨습니다. 들어가셔도 좋습니다. 피고, 그 당시 세자가 이런 행동을 했다는 것을 알고 있었습니까?

영조　세세히는 몰라도 어느 정도는 듣고 있었습니다. 계비인 정순 왕후와 후궁 숙의 문씨를 통해서 들을 수 있었지요.

판사　그들이 피고에게 원고에 관한 정보를 주었군요.

영조　그런 셈이지요. 특히 숙의 문씨가 세자의 일거일동을 세세히 알려 주고는 했습니다.

판사　그중에는 잘못된 이야기들도 분명히 있었을 텐데요. 게다가 정순 왕후와 숙의 문씨는 원고에게 비우호적인 사람들이 아닙니까?

영조　흠. 아무래도 가까운 이들의 말이니 내가 영향을 받지 않을 수 없었겠지요. 점점 세자에 대한 불신이 쌓여 간 것은 사실입니다.

하지만 그때는 그냥 들어서 아는 것을 전해 주는 것이려니 생각했을 뿐입니다.

김딴지 변호사 판사님, 도저히 참을 수 없어 제가 한마디 하겠습니다. 널리 알려져 있다시피 피고는 조선의 중흥을 이룩한 군주로 평가받습니다. 노련한 정치력을 지닌 것으로도 잘 알려져 있지요. 그런데 지금 정순 왕후와 숙의 문씨가 세자에 관한 일을 세세히 일러바치는 이유를 몰랐다니요? 이게 정말 말이나 됩니까?

판사　원고 측 변호인은 침착한 태도로 말씀해 주시기 바랍니다.

김딴지 변호사　죄송합니다. 하지만 정순 왕후가 누구입니까? 골수 노론인 김한구의 딸입니다. 그녀로서는 당연히 소론을 편드는 세자가 미울 수밖에요. 게다가 김한구는 노론이면서도 세자의 장인인 홍봉한과 대립했던 인물입니다. 당시 세간에서는 홍봉한에 동조하는 노론을 부홍파, 반대 측을 공홍파라고 불렀습니다. 김한구는 공홍파의 두령 격이었고요.

판사　이런 일을 꼭 그런 정치적인 관계로만 해석해야 합니까?

김딴지 변호사　개인적인 욕심이란 측면에서도 마찬가지입니다. 정순 왕후는 열다섯 살에 환갑이 넘은 피고의 계비가 되었습니다. 원고는 후궁의 소생이니 중전이 된 그녀 입장에서는 적장자를 낳아 원고 대신 영조의 후계자로 삼고 싶은 마음도 가졌을 것입니다.

판사　알겠습니다. 그렇다면 숙의 문씨는 어떻습니까?

김딴지 변호사　그녀 역시 원고를 폐하고 자신이 낳은 자식을 세자로 만들려는 꿍꿍이속이 있었습니다. 숙의 문씨는 본래 효장 세자의 후궁인 현빈을 모시던 나인이었습니다. 그런데 피고의 후궁이 되자 엉뚱한 생각을 품게 되었지요. 남이 낳은 사내아이까지 데려다 자신이 낳은 자식인 것처럼 꾸몄다고 하니 더 들어서 무얼 하겠습니까? 원고와 관련된 일이라면 좋게 말할 리가 없었지요.

방청석에서 탄식이 쏟아졌다.

"사도 세자로서는 비극을 피할 수가 없었던 거야."

오만무도
태도나 행동이 건방지거나 거만한 것을 말합니다.

"숙의 문씨가 특히 못된 짓을 많이 했군."

김딴지 변호사의 항변은 계속되었다.

김딴지 변호사 원고는 승마와 활쏘기 등 무예를 즐겼습니다. 그 때문에 무기도 보관하고 있었지요. 하지만 이 모든 것이 모함의 근거가 되었습니다. 또 원고를 모함하는 데에는 친여동생인 화완 옹주도 적지 않은 영향을 미쳤습니다. 아버지인 피고의 총애를 받았고 오빠인 원고를 끔찍이 싫어하였으니까요.

판사 피고, 이 말이 사실입니까?

영조 화완 옹주를 특별히 예뻐한 것은 사실입니다. 정치달에게 시집보낸 지 얼마 안 되어 홀몸이 되었으니 늘 측은하게 여겼지요. 그래서 궁궐에 두고 돌보아 주었습니다. 화완 옹주가 하는 말이라면 무엇이든 들어주고 싶은 마음이었지요.

판사 원고, 화완 옹주는 어떤 성격의 소유자였습니까?

사도 세자 오만무도하고 거리끼는 것이라고는 전혀 없는 성격이었습니다. 부왕의 지극한 사랑을 받고 있었으니 그런 성격이 된 것 아니겠습니까? 세상에 무서울 게 없었겠지요. 부왕은 그녀를 한시도 옆에서 떼어 놓으려 하지 않았습니다. 말하는 것이면 무엇이든 들어줄 정도였고요. 그런데 화완 옹주는 노상 나에 대한 험담을 지껄여 대곤 했습니다. 그래서 부자 간의 사이는 더욱 멀어질 수밖에 없었지요.

판사 원고는 같은 영빈 이씨의 소생이면서 왜 화완 옹주와 사이가 나빴나요?

사도 세자 화완 옹주는 변덕스럽고 무례한 언행으로 유명했습니다. 나만 특별히 그녀를 싫어했던 것이 아닙니다. 같은 어머니 소생이라도 화평 옹주는 그녀와 아주 달랐습니다. 화평 옹주는 화완 옹주와 달리 사리가 분명했고 유순했습니다. 대리청정을 하는 나의 어려운 입장을 이해해 주었고 부왕에게도 두터운 사랑을 받고 있었지요. 하지만 스물두 살 나이에 세상을 떠나고 말았습니다. 화평 옹주가 조금만 더 살았더라도 나의 비극적인 죽음은 없었으리라고 봅니다.

김딴지 변호사 판사님, 모든 상황을 살펴보았을 때 정순 왕후, 숙의 문씨, 화완 옹주 이 세 여인이 원고를 모함한 것이 확실합니다. 원고가 역모를 계획했다는 설이 만들어지는 데에도 이 세 사람의 역할이 있었음을 부인할 수 없을 것입니다.

열려라, 지식 창고

『한중록』은 어떤 책일까?

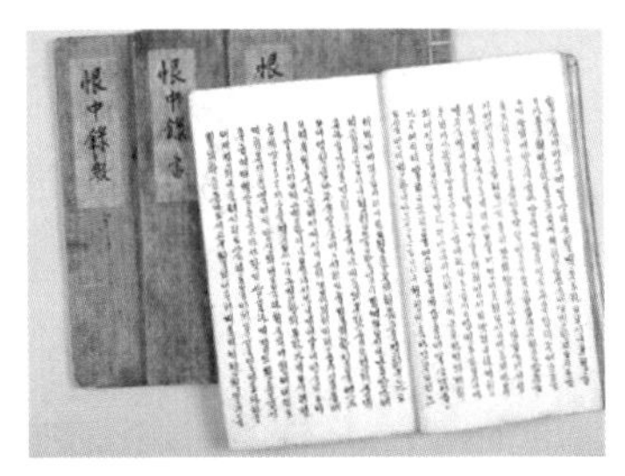

『한중록』

『한중록』은 혜경궁 홍씨가 지은 책입니다. 흔히 『한중록』으로 알려져 있지만 『한중만록』 또는 『읍혈록』이라는 이름으로 불리기도 합니다. 필사본 14종이 전하며, 사용된 문자로 보면 국문본, 한문본, 한글과 한문이 섞인 국한문 혼용본의 세 가지가 있습니다. 전체는 총 4편으로 구성되어 있으며 각 편이 쓰인 시기와 내용은 대체로 서로 다릅니다.

제1편은 1795년(정조 19) 혜경궁 홍씨의 회갑연에서 친정의 장조카인 홍수영의 요청으로 기록된 것입니다. 친정에 보관할 목적으로 쓰였지요. 제2편은 1801년(순조 1) 혜경궁 홍씨가 67세 때, 제3편은 다음 해인 68세, 그리고 제4편은 1805년(순조 5)인 71세 때 기록되었습니다. 4편 중 사도 세자에 관한 기록은 제1편과 제4편에 나오는데 특히 제4편에서의 기록이 자세합니다.

『한중록』에는 저자가 자신의 아버지 홍봉한이나 삼촌인 홍인한의 행적을 변명하거나 감싸는 등 친정을 옹호하는 기록이 많이 남아 있습니다. 그래서 정치적인 자료로 쓰기에는 공정성이 결여되어 있다고 보는 사람도 많지요.

게다가 사도 세자의 죽음을 기록한 제4편을 썼을 때는 혜경궁 홍씨의 나이가 70세가 넘었습니다. 그래서 사건이 미화되거나 왜곡되었을 가능성도 있습니다. 실제로 실록에 나오는 사실과 다른 내용도 있기 때문에 일부에서는 『한중록』이 조작되었다는 설도 있습니다.

하지만 『한중록』은 공적인 사료에서 찾아보기 어려운 사실들을 전해 준다는 점에서 사료로서의 가치가 큽니다. 사도 세자와 관련된 이야기만 해도 『영조실록』 등에는 자세한 기록이 없습니다. 분쟁의 씨앗이 될까 봐 모두 없앴기 때문이지요. 따라서 사도 세자의 비정상적인 성격이며 행동, 마지막 죽음의 과정에 관한 이야기는 『한중록』을 통해서만 자세히 알 수 있습니다. 이외에 궁중 안의 이런저런 생활 모습도 담겨 있고요. 『한중록』에는 궁에서 쓰는 특유의 용어며 문장체가 나타나기 때문에 국문학계에서도 그 가치를 인정받고 있습니다.

3 사도 세자는 왜 평양에 갔을까?

이대로 변호사 판사님, 아니 땐 굴뚝에 연기가 나겠습니까? 원고가 역모를 기도했다는 명백한 증거가 있습니다. 원고는 1761년(영조 37)에 20일간이나 평양에 다녀왔습니다. 궁이 답답하고 평소의 울화증을 달래기 위해 그랬다고 말합니다만, 정말일까요? 그곳에 가서 원고는 평안도 관찰사인 정휘량을 만났습니다. 그는 소론인 데다 원고와 사돈 관계에 있었지요. 더구나 평안도로 말하면 국경 지대여서 예전부터 군비를 튼튼히 하던 지역이 아닙니까? 원고는 병력을 동원하려는 사전 계획을 세우러 평양에 간 것이 확실합니다. 찾아간 것도 원고를 적극적으로 지원하던 전 우의정이자 소론의 지주인 조재호의 권유로 간 것입니다.

김딴지 변호사 아닙니다. 원고가 정휘량을 찾아간 것은 사실이지만 역모와 관련된 논의는 없었습니다. 오히려 정휘량은 그런 오해를 두려워했습니다. 그래서 세자가 왔다는 사실을 한양에 있는 홍봉한에게 알렸고요. 사실이 이런데 어떻게 역모를 위한 논의가 있었겠습니까?

판사 정휘량은 소론이고 홍봉한은 노론이 아닙니까? 정휘량이 이런 중대한 사실을 홍봉한에게 알렸다는 게 믿기지 않는데요. 세자에게는 치명적일 수도 있지 않습니까?

이대로 변호사 판사님, 그렇다고 꼭 역모 계획이 없었다고 해석할 수는 없습니다. 사실 확인을 위해 홍봉한을 증인으로 신청합니다.

방청객들의 시선이 일제히 홍봉한에게 쏠렸다. 하지만 그 시선은 그리 곱지 않았다. 장인이면서 사위인 사도 세자의 죽음에 일조했다는 세간의 의심 때문이었다.

판사 증인은 자기소개부터 해 주십시오.

홍봉한 나는 혜경궁 홍씨의 아버지이자 사도 세자의 장인입니다. 정조 임금의 외할아버지이기도 하지요. 당파로는 노론에 속했습니다. 나는 명문가인 풍산 홍씨 집안에서 태어났습니다. 선조 대의 명신인 홍이상이 나의 직계 조상이지요. 조상들 중에 높은 벼슬을 지낸 분들도 많았습니다. 증조부 홍만용과 부친인 홍현보 두 분 모두 정2품 예조 판서를 거치셨습니다. 조부 홍중기도 종4품 첨정을 지냈고요.

이대로 변호사 좋습니다. 증인, 사도 세자가 평양에 갔다는 사실을 정휘량으로부터 들은 일이 있습니까?

홍봉한은 약간 난처한 표정을 짓다가 결심한 듯이 말했다.

홍봉한 그렇습니다. 정휘량도 세자의 방문에 놀란 것 같았습니다. 그 때문에 자신이 역모를 꾸민 것으로 오해받을 수도 있었으니까요. 그래서 그 사실을 내게 알린 것입니다. 만일 그런 오해를 받는다면 죽음을 면하기 어려울 테니까요. 노론 측에서도 세자가 평양에 간 사실을 알고 깜짝 놀랐습니다.

이대로 변호사 증인도 원고가 역모 계획 때문에 그곳에 갔다고 보시지요?

홍봉한 확신할 수는 없지만 가능성은 충분합니다. 하지만 정휘량이 동조하지 않은 것이 분명하니 성공하지는 못했겠지요.

이대로 변호사 여기서 중요한 것은 원고에게 역모 의도가 있었느냐의 여부입니다. 그럴 생각만 있었더라도 죄가 성립되니까요.

홍봉한 쉽게 말할 수 없는 일입니다. 아버지를 상대로 그런 일을 벌이리라고 생각할 수 있겠습니까? 하지만 영조 임금과 세자는 이미 사이가 틀어져 있었습니다. 또 세자의 성격이 거칠고 무예를 좋아했던 점을 고려해 보면 마음속으로 어떤 생각을 했는지는 알 수 없지요.

이대로 변호사 이상으로 증인 신문을 마치겠습니다.

판사　알겠습니다. 원고 측 변호인, 증인 신문 하세요.

김딴지 변호사　증인은 앞서 명문가임을 강조하셨는데요. 정작 자신은 31세까지 과거 시험에 합격하지 못했고 관직에도 오르지 못했지요? 그러다가 딸이 세자빈이 된 후에 출셋길로 들어선 것 아닙니까?

홍봉한　그렇다고 말씀드릴 수 있겠습니다. 딸이 세자빈이 된 1743년 10월에 별시로 과거에 합격했으니까요.

별시
조선 시대에 천간으로 '병(丙)' 자가 든 해, 또는 나라에 경사가 있을 때 보던 임시 과거 시험입니다.

문학
세자시강원에 속하여 세자에게 글을 가르치던 관직입니다.

김딴지 변호사 이 과거 시험은 증인을 합격시키기 위해 치러진 것이나 다름없었습니다. 합격 직후 주어진 관직도 정5품의 문학이라는 파격적인 자리였습니다. 이후로도 승진을 거듭했습니다. 이듬해에는 종2품의 광주 부윤이 되었는데, 당시 증인의 출세는 여론의 비난이 있을 정도로 빠른 것이었습니다. 그 뒤로는 종2품 어영대장 등 여러 관직을 거쳤고 만년에는 좌의정, 우의정을 지냈지요. 맞습니까?

홍봉한 그렇습니다.

김딴지 변호사 노론인 증인이 과거에 합격하자 피고의 원비인 정성 왕후가 크게 기뻐했다는 말이 있는데, 그게 사실입니까?

홍봉한 세자빈이 된 딸을 통해서 들은 적이 있습니다. 정성 왕후 역시 노론이었고, 경종 재위 시절 정성 왕후의 조카인 서덕수가 소론에 의해 죽임을 당했습니다. 당시 왕실의 외척으로는 노론이 거의 없었기 때문에 제 과거 합격을 기뻐했으리라고 생각합니다. 그분으로서는 든든한 우군이 생겼다고 생각했겠지요.

김딴지 변호사 증인은 노론의 지지를 얻어 관직에 오르고 승승장구할 수 있었습니다. 그래서 원고의 장인이면서도 그가 소론을 지지한다는 이유로 폐하려 한 것이 아닙니까?

홍봉한 아닙니다. 나는 공정함을 유지하려고 최선을 다했습니다. 공적인 문제이기 때문에 장인이라는 이유로 무조건 세자에게 유리한 말을 할 수 없었을 뿐입니다.

판사 원고 측 변호인은 지금 증인이 노론이기 때문에 소론인 사위를 공격했다는 겁니까?

김딴지 변호사　그렇습니다. 증인의 집안은 조상 대대로 노론에 속했으니까요.

판사　하지만 딸의 남편이 아닙니까? 또 정치적인 의견에 따라 갈리는 것이 당파가 아닙니까? 그렇다면 조상의 당파를 그대로 따랐다는 겁니까?

홍봉한　그렇습니다. 선조 임금의 사위였던 홍주원 이래 우리 집안은 계속 노론에 속해 있었습니다. 유교에서는 조상과 가문을 중요시합니다. 가문이 속한 당파를 따르지 않는다는 것은 조상을 거스르는 일로 비칠 수도 있었지요. 또 대체로 노론은 노론끼리, 소론은 소론끼리 혼인했기 때문에 인척 관계를 통해서도 자연스럽게 그리되었습니다.

판사　현대의 시각으로는 이해할 수 없군요.

김딴지 변호사　무엇보다 당파 사이의 감정적인 대립이 이미 돌이킬 수 없을 정도였습니다. 한 당파가 세력을 얻거나 몰락하는 과정에서 죽고 죽임을 당하는 일이 빈번히 벌어졌습니다. 그러니 내 아버지나 형제를 죽인 당파로 돌아설 수는 없었지요.

판사　옳고 그름을 떠나 자기가 속한 당파의 의견을 무조건 지지하며 살아야 한다는 것은 고역일 수도 있겠군요.

홍봉한　그렇습니다. 나는 노론에 속했습니다만 노론이라고 매사에 옳고 소론이라고 전부 틀렸겠습니까? 그러나 어느 한 편을 지지하기 시작하면 계속 그 편을 들 가능성이 높지요. 무엇보다 조상 때

거두
영향력이 크고 중요한 자리에 있는 사람을 말합니다.

부터 서로 감정의 골이 깊이 파인 상태였으니까요.

판사 알겠습니다.

김딴지 변호사 당파에 따라서 증인 홍봉한은 원고인 사도 세자에게 적대적인 입장이었습니다. 계속 애매한 태도를 보이는 것도 그 때문이지요. 증인의 말과 달리 원고는 역모의 의사가 전혀 없었습니다. 만일 그랬다면 그토록 허무하게 죽었을 리도 없지요. 끝까지 원고를 옹호했던 조재호를 보아도 이를 알 수 있습니다. 그에게서 역모와 관련된 어떤 움직임도 나타나지 않았으니까요. 조재호를 증인으로 신청합니다.

판사 받아들입니다. 증인, 선서 후에 자기소개 부탁드립니다.

이 말에 그동안 진땀을 흘리던 홍봉한이 홀가분한 표정으로 자리를 떠났다.

조재호 나는 영조 대에 소론의 거두였던 조문명의 아들입니다. 1744년(영조 20)에 문과에 급제해 승지, 경상도 관찰사, 이조 판서, 우의정을 지냈습니다.

김딴지 변호사 증인은 원고와 특별히 가까운 사이였지요?

조재호 네, 가까웠다고 할 수 있습니다. 세자께서는 계속 노론의 핍박을 받으셨습니다. 소론인 나로서는 안타까운 마음에 곁에서 조금이나마 힘이 되어 드리려고 했지요.

김딴지 변호사 알겠습니다. 증인은 소론의 힘이 되어 주는 원고를 도와 역모하려는 의도를 품었나요?

조재호 원고를 도와 역모라니, 말도 안 됩니다. 나는 같은 소론이라도 잘못된 점이 있으면 반드시 처벌해야 한다고 주장했습니다. 소론의 우두머리였던 이광좌가 죽은 후 그에게 역모 혐의가 제기되었습니다. 나는 그때 그의 죄를 물어야 한다고 주장했습니다. 그로 인해 소론 일부의 미움을 받기도 했지만, 같은 당파의 사람이라도 잘못된 것은 다스려야지요. 이런 내가 어떻게 왕에 대한 역모를 꾸밀 수 있단 말입니까? 만에 하나 세자가 그런 뜻을 가지고 있었더라도 나는 절대로 거기에 동조하지 않았을 것입니다.

조재호의 단호한 부인에 김딴지 변호사가 흐뭇한 얼굴로 신문을 마치자 이대로 변호사가 나섰다.

이대로 변호사 증인은 평소에 원고에게 "적극 도와드리겠다"라고 말하곤 했지요?

조재호 심정적으로 세자에게 기울어 있었던 것은 사실입니다. 어쨌든 나는 소론이었으니까요. 노론인 정순 왕후를 영조의 계비로 세우는 일에 반대해서 유배를 가기도 했었지요.

이대로 변호사 증인은 원고가 죽을 때 현직에서 물러나 춘천에서 살고 있었습니다. 그곳이라면 남몰래 군사력을 키울 수도 있었을 것입니다. 원고가 죽음의 순간에 증인을 부른 것도 특별한 뜻이 있었다고 봅니다.

조재호 특별한 뜻이라니요?

이대로 변호사 군대를 이끌고 와서 구해 달라는 요청 말입니다.

조재호 뭐라고요? 군사를 이끌고 한양으로 오라고 했다고요? 변호사님, 말조심하십시오. 일단 내게는 그런 군사력도 없었고 있다 해도 그런 행동을 할 생각도 없었습니다. 물론 세자의 목숨이 경각에 달렸다는 소식을 듣고 한양으로 달려가기는 했지만, 혼자였습니다. 군대를 몰고 가다니요? 있을 수 없고 있어서도 안 될 일이지요. 그러나 그때 한양에 왔다는 이유만으로 나는 사약을 받고 죽을 수밖에 없었습니다. 참으로 억울하고 분한 노릇이지요. 모두가 노론의 음모 때문이었습니다.

판사 알겠습니다. 증인 조재호의 증언을 끝으로 두 번째 재판을 마치겠습니다. 오늘 재판에서는 원고가 정말로 역모를 꾸몄는지, 그런 의심을 받게 된 이유와 과정은 무엇인지, 그때 실제로 어떤 일들이 있었는지 등을 알아보았습니다. 증인들의 증언으로 사건의 윤곽이 드러나기 시작했으니 다음 재판에서는 더욱 구체적인 상황을 알아보도록 하겠습니다. 모두들 수고하셨습니다.

땅, 땅, 땅!

다알지 기자

안녕하십니까? 오늘 사도 세자와 영조의 두 번째 재판이 있었습니다. 사도 세자의 역모 여부에 대해 치열한 공방이 벌어졌지요. 예상한 대로 원고 측은 이를 전면 부인했고 피고 측은 그것을 어느 정도 기정사실로 인정하는 분위기였습니다. 오늘은 양측 변호인을 모시고 각자의 입장을 좀 더 들어 보도록 하겠습니다.

또 한 가지, 피고 측에서 제기한 사도 세자의 정신 감정 신청에 대한 진행 상황을 알려 드리겠습니다. 신청서가 어제 역사공화국 정신 감정원으로 보내졌고 오늘 재판이 끝난 뒤 원고인 사도 세자가 직접 그곳에 출두하기로 했습니다. 명망 높은 정신과 의사들과 첨단 의료 기기들에 의한 정신 감정이 있을 것이라고 합니다.

김딴지 변호사

사도 세자가 역모를 꾀하지 않았다는 사실은 의심의 여지가 없습니다. 사도 세자가 부왕인 영조에 대하여 불만이 있었고 좀 괴팍스러운 취미를 가졌다는 점은 인정합니다. 하수구를 통해 영조가 거주하는 경희궁으로 잠입하려고 했다는 이야기도 그와 같은 맥락이고요. 단순하게 보자면 울화증에서 나온 충동적 반항 행위로 규정할 수 있지 않을까 싶습니다. 어떻든 심각하게 생각할 필요가 없습니다. 정말 영조를 해치고자 했다면 그런 식으로 눈에 띄게 행동했겠습니까? 다만 사도 세자가 모두의 시선을 받는 위치에 있었고 주위 상황이 우호적이지 않았기 때문에 작은 일들이 크게 부풀려진 것뿐입니다. 이 문제는 차차 명명백백하게 밝혀질 것입니다.

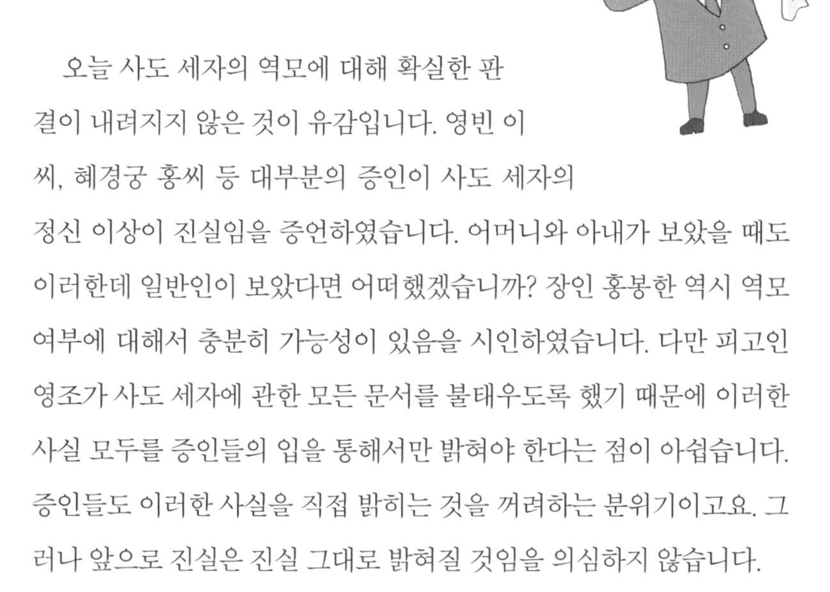

이대로 변호사

오늘 사도 세자의 역모에 대해 확실한 판결이 내려지지 않은 것이 유감입니다. 영빈 이씨, 혜경궁 홍씨 등 대부분의 증인이 사도 세자의 정신 이상이 진실임을 증언하였습니다. 어머니와 아내가 보았을 때도 이러한데 일반인이 보았다면 어떠했겠습니까? 장인 홍봉한 역시 역모 여부에 대해서 충분히 가능성이 있음을 시인하였습니다. 다만 피고인 영조가 사도 세자에 관한 모든 문서를 불태우도록 했기 때문에 이러한 사실 모두를 증인들의 입을 통해서만 밝혀야 한다는 점이 아쉽습니다. 증인들도 이러한 사실을 직접 밝히는 것을 꺼려하는 분위기이고요. 그러나 앞으로 진실은 진실 그대로 밝혀질 것임을 의심하지 않습니다.

역사 유물 돋보기

사도 세자를 그리워한 정조의 마음이 담긴 <화성행행도>

사도 세자가 죽고 우여곡절 끝에 왕위에 오른 사도 세자의 아들 정조는 억울하게 죽은 아버지를 그리워했어요. 그래서 사도 세자의 무덤을 옮겨 제대로 묻고 종종 찾아오고는 했답니다. 정조는 1795년 사도 세자의 무덤인 현륭원이 있는 화성에서 어머니 혜경궁 홍씨의 회갑연을 베풀었는데, 그 행사를 8폭의 기록화로 그린 게 〈화성행행도〉입니다.

봉수당진찬도

〈화성행행도〉의 순서에 대해서는 의견이 많은데, '봉수당진찬도', '낙남헌양로연도', '화성성묘전배도', '낙남헌방방도', '서장대야조도', '득중정어사도', '환어행렬도', '한강주교환어도'의 순서로 보는 것이 가장 일반적입니다. 이중 '봉수당진찬도'는 사도 세자의 아내이자 정조의 어머니였던 혜경궁 홍씨의 환갑잔치를 그린 장면이에요. 수원의 관아 중 '봉수당'에서 있었던 잔치의 한 장면으로 여러 명의 무용수들이 눈에 띕니다.

화성성묘전배도

화성에는 왕이 행차할 때 머물던 행궁이 있었어요. 정조는 이 행궁에 도착하면 가장 먼저 공자의 위패에 참배하였는데 이 모습을 담은 그림이 바로 '화성성묘전배도'랍니다. 조선 시대에는 유교를 바탕으로 하였기에 유교의 시조인 공자를 극진히 모셨지요.

봉수당진찬도

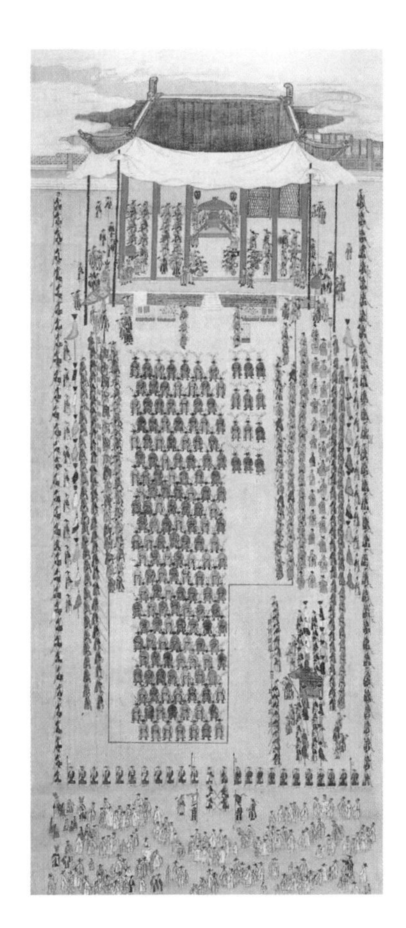

화성성묘전배도

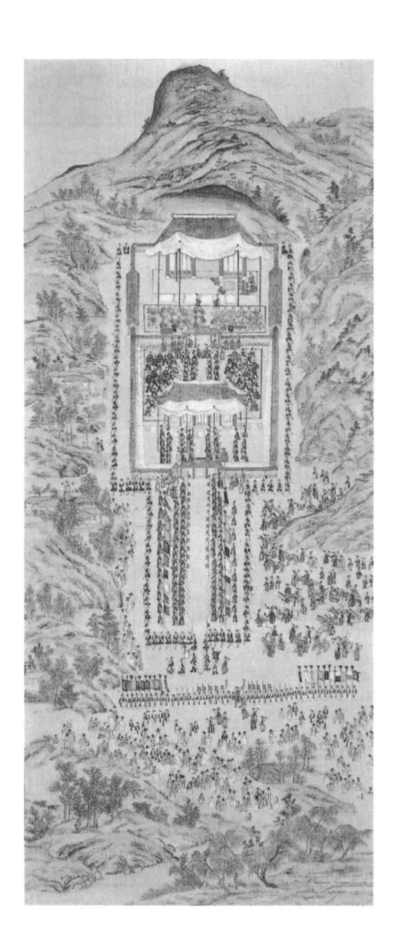

낙남헌방방도

공자의 위패에 참배한 뒤 정조는 유생들의 과거 시험장에 참석하였어요. '낙남헌'에서 펼쳐진 이날의 과거 시험에서 56명이 급제를 했답니다. 그림에는 시험을 주관하는 관원들은 물론이고 과거 합격 증서인 홍패도 그려져 있어요. 뿐만 아니라 왕이 내린 술과 안주가 차려진 탁자도 보입니다.

한강주교환어도

〈화성행행도〉의 마지막 그림인 '한강주교환어도'는 노량진에 만들어진 주교(배다리)로 한강을 건너 창덕궁으로 돌아오는 모습이 그려져 있어요. 배다리는 강을 건널 때 유용한 교통수단이었답니다. 사도 세자의 무덤을 찾았던 정조의 행차는 이렇게 한강을 건너 궁으로 돌아오면서 끝나게 되지요.

양위 소동
관서행
나주괘서의 변
토역경과 사건
나경언 사건
사도 세자 살려!

재판 셋째 날

사도 세자를 꼭 죽여야 했나?

1. 자당과 부당이 있었다?
2. 사도 세자는 왜 영조에게 문안드리지 않았을까?
3. 사도 세자는 뒤주에 들어가야만 했을까?

교과 연계

역사
VI. 조선 사회의 변동
1. 조선 후기 정치 운영의 변화
(2) 영조와 정조의 개혁과 탕평책

1 자당과 부당이 있었다?

판사　지금부터 이 사건의 마지막 재판을 시작하겠습니다. 지난 재판에서 원고의 정신 상태가 어떠했는지, 그에게 정말로 역모를 꾀하려는 의도가 있었는지 알아보았습니다. 여러 증인의 증언을 통해 원고가 보인 기이한 행동들을 알 수 있었지요. 또 역모를 꾀했는지 여부에 대해서 심증을 가진 이들은 있었으나 정확한 물증은 남아 있지 않다는 것도 알게 되었습니다. 그렇다면 오늘은 피고인 영조가 원고인 사도 세자를 꼭 죽여야만 했는가에 대해 알아보겠습니다. 먼저 원고 측부터 말씀해 주시기 바랍니다.

김딴지 변호사　원고를 죽인 것은 피고의 지나친 처사였습니다. 아무리 원고가 못마땅하고 잘못이 있었다고 해도 세자의 지위에서 폐하는 정도로 그쳤어야 했습니다. 그런데 피고는 편견과 과도한 감정으로 인해 자기 자식을 죽였습니다. 그것도 사약을 내리는 등의 격식을 갖춘 게 아니라 뒤주에 가두어 죽였지요. 이는 엄청난 패륜이고 도저히 용납될 수 없는 일입니다.

패륜
인간으로서 마땅히 할 도리를 하지 못하는 것을 말합니다.

판사 이 일에 대해서는 피고가 말씀해 주시지요. 하실 말씀이 많을 것이라고 생각합니다.

영조 자식을 죽인 아비로서 무슨 말을 할 수 있겠습니까. 다만 이 문제는 당시의 상황을 고려해 주시기 바랍니다. 나경언의 고변이 모함으로 밝혀졌기 때문에 나 역시 세자를 죽일 생각은 없었습니다. 그런데 영빈 이씨의 밀고가 이어졌고, 조정이 돌아가는 형편을 보니 '자당'과 '부당', 즉 아들 당과 아버지 당으로 갈린 형국이었습니다. 의심이 들 수밖에요.

판사 조정의 돌아가는 형편이 어땠기에 자당, 부당이라는 이야기까지 나온 겁니까?

영조 매우 복잡했습니다. 노론은 나를 지지하고 소론은 세자를 지지하는 상황이었지요. 이렇게 조정이 나뉜 것은 1755년(영조 31)에 일어난 '나주괘서의 변'이 결정적인 계기였다고 봅니다.

판사 나주괘서의 변이란 어떤 일입니까?

영조 ▶을해년에 일어난 대규모 형사 사건이어서 '을해옥사'라고도 부르지요. 나주의 객사에 누군가가 '조정에 간신들이 많아 나라 꼴이 말이 아니니 무력으로 이를 바로잡겠다'는 내용의 글을 붙였습니다. 조사 결과 범인은 소

교과서에는
▶ 영조가 탕평 정치를 실시하면서 왕은 정국의 운영이나 이념적 지도력을 비롯하여 거의 모든 부문에서 가장 큰 영향력을 행사하게 되었습니다. 이에 따라 붕당의 정치적 의미는 차츰 엷어졌습니다.

론의 윤지란 자로 밝혀졌지요. 윤지는 골수 소론인 윤취상의 아들이었습니다. 나는 원래 당파를 약화시키는 탕평책을 추진해 왔지만 이 사건을 접하자 분노하지 않을 수 없었습니다. 그래서 가차 없이 많은 관련자들을 잡아들여 죽였습니다.

김딴지 변호사 판사님, 이 사건에서 피고는 이성을 잃고 소론을 탄압했습니다. 원고인 사도 세자는 단지 소론을 옹호했다는 이유로 피고와 노론의 공격 대상이 되었고요.

판사 원고는 어떻게 생각합니까?

사도 세자 노론은 부왕의 허락을 얻어 이 일에 관계된 자들은 물론이고 직접적으로 상관이 없는 소론 인사들까지 역적으로 몰아 대대적으로 숙청하였습니다. 이때 죽은 사람들이 엄청나게 많았지요. 나는 소론에 동정적이었고 할 수 있으면 그들을 보호해 주려고 하였습니다. 부왕과 노론 측에 의한 살상이 너무 지나쳤으니까요.

토역경과
역적을 토벌한 것을 경축하는 과거 시험이라는 말입니다.

영조는 잠시 말이 없었다. 결국 사도 세자와 마주하게 된 것에 할 말을 잃은 눈치였다. 영조는 아들의 눈을 피하며 판사를 향해 말을 이었다.

영조 내 이야기를 좀 더 들어 주시기 바랍니다. 나주괘서의 변은 노소론의 문제를 떠나 왕권과 국가 기강에 관련된 중요한 일이었습니다. 당연히 추상같은 명령으로 엄중히 벌해야 했지요. 하지만 세자는 소론에게 관대한 태도를 보였습니다. 나는 세자가 자신의 역할을 잊고 나에게 반기를 들었다고 생각했습니다. 소론은 당연히 세자의 행동을 환영했고요. 내가 말씀드린 '자당'이니 '부당'이니 하는 말은 그래서 나오게 된 것입니다. 같은 해 5월에도 소론은 토역경과로 일컬어지던 과거 시험장에서 선왕들의 이름을 함부로 쓰고 조정을 비난했습니다. 게다가 군대를 동원하여 역모를 일으키려고 한 사실까지 드러났지요. 이 사건의 근원을 도려내려면 높고 낮음을 가리지 않고 소론의 관련자들을 처벌해야 했습니다. 하지만 세자는 여전히 미적거리는 태도를 보였지요. 그런데 어떻게 내가 세자를 믿고 왕위를 맡길 수 있었겠습니까?

2

사도 세자는 왜 영조에게 문안드리지 않았을까?

이대로 변호사　　아들 편과 아버지 편으로 나뉘어 신하들이 당파 싸움이나 벌이니 피고의 심정이 어땠겠습니까? 오죽하면 자기 아들인 원고를 죽여야 했겠습니까?

영조　　그렇습니다. 지난날을 생각하니 정말 만감이 교차합니다. 괴롭기도 하고요. 세자가 태어났을 때 내가 기뻐한 것은 새삼 말할 필요가 없습니다. 그를 애지중지한 것도 마찬가지이고요. 효종, 현종, 숙종이라는 왕통이 세자를 통해 비로소 이어졌다고 생각했습니다. 선왕들을 볼 면목이 생겼으니 세상 무엇도 부럽지 않은 기분이었습니다. 또 어린 시절 총명함을 보이는 세자를 신하들 앞에 불러내 그 자질을 자랑하면서 흐뭇해했습니다. 『소학』이며 『대학』, 무엇을 물어도 척척 대답했지요. 누가 이렇게 세자와 극단적으로 불화하

읍소
눈물을 흘리며 간절히 하소연하는 것을 말합니다.

게 될 줄 알았겠습니까?

영조는 눈물을 글썽였다. 방청객들 중에도 눈물을 닦아내는 사람들이 있었다. 사도 세자의 눈도 젖어 있었다. 법정 안의 모두가 조용했다.

영조 하지만 세자가 크면서 솔직하지 못한 면이 종종 눈에 띄었습니다. 한번은 내가 세자에게 중국 한나라의 문제와 무제 중 누가 더 훌륭하냐고 물었지요. 원래 세자는 글보다 무예를 더 좋아했습니다. 그러니 세자의 입장에서는 무예에 능한 무제가 더 훌륭하다고 생각했을 것입니다. 그런데 내 눈치를 살피며 문화에 힘을 기울인 문제가 더 낫다고 대답했습니다. 나는 그것을 거짓이라고 보아 꾸짖었지요. 겉으로는 겸손하고 효성스러운 태도를 보였지만, 스무 살 무렵부터는 나에 대한 반항심도 커졌던 것 같습니다.

김딴지 변호사 이의 있습니다. 피고는 지금 자신의 추측을 마치 사실인 것처럼 이야기하여 법정에 혼란을 주고 있습니다.

판사 인정합니다. 피고는 조금 더 사실에 근거하여 이야기를 진행해 주시기 바랍니다.

영조 그러지요. 1752년(영조 28) 12월에 나는 세자에게 왕위를 물려주겠다고 선언했습니다. 이때 신하들은 명을 거두라며 모두 읍소하였습니다. 물론 세자도 같은 뜻이라고는 했지요. 하지만 팔짱을 끼고 나를 바라보고만 있었습니다. 지겨운 전위 소동을 또 벌이는구나, 그 속셈을 뻔히 알겠다는 식의 생각을 하는 것 같아 불쾌했는지도 모릅니다.

영조에게 고통스러운 표정이 떠올랐다.

영조 더구나 세자는 1757년(영조 33) 7월부터 6개월 동안이나 문안조차 오지 않았습니다. 사가에서도 자식이 매일 부모를 문안하는데 하물며 왕가에서는 어떻겠습니까? 더구나 세자는 대리청정을 하고 있었지요. 정사도 논의할 겸 당연히 문안해야 했습니다. 게다가 듣기로는 이 시기에 세자는 학문조차 게을리하고 있었습니다. 어느 면에서나 세자를 이해할 수가 없었고 실망하게 되었지요.

김딴지 변호사 판사님, 피고는 일방적으로 원고의 잘못만 거론하고 있습니다. 하지만 그 무렵 원고가 얼마나 힘들고 어려웠는지는 전혀 모르고 있었어요. 나주괘서의 변 이후 원고는 노론들의 본격적인 모함을 받고 있었습니다. 영의정 김상로는 피고에게, "경종 재위 시절 힘이 되어 준 노론에 대해 영조가 처벌을 무효화한 것에 관해 세자가 반대하고 있다"고 말했습니다. 이것은 피고에게는 아주 민감한 문제였습니다. 게다가 "영조가 경종을 독살했다는 소문을 세자가 믿고 있다"는 말도 덧붙였지요. 이에 분노한 피고는 곧 원고를 불러 꾸짖었지만 원고는 영문을 모르니 강하게 반발할 수밖에요.

판사 노론이 부자 사이를 이간질했다는 것입니까?

김딴지 변호사 그렇습니다. 또 피고는 여러 신하들 앞에서 원고를

신주
죽은 사람의 위패를 말합니다.

문묘
공자를 모신 사당으로, 신라 이후 우리나라의 큰선비들을 함께 모시기도 했습니다.

배향
학덕이 있는 사람의 신주를 문묘나 사당, 서원 등에 모시는 일을 말합니다.

함부로 다루었습니다.

판사 함부로 다루다니요?

김딴지 변호사 1754년(영조 30) 12월에 대사간인 신위가 피고의 인사가 공평하지 못하다고 원고에게 글을 올렸습니다. 언론의 임무를 맡고 있는 대사간으로서 못할 말도 아니었지요. 원고는 이에 대해 신위를 불러 약간 야단을 치는 것으로 넘어갔습니다. 피고는 이 사실을 알고는 신하들 앞에서 원고에게 불같이 화를 냈고 차마 못할 말로 야단을 쳤습니다. 원고는 놀라고 두려워서 관을 두 번이나 벗고 뜰에 내려가 석고대죄 했지요. 또 대리청정을 그만두게 해 달라고 청원했습니다. 피고는 더욱 화를 내고 새벽까지 듣기 거북할 정도의 말로 마구 꾸짖었습니다. 원고는 결국 울면서 그 앞을 물러나왔지요.

판사 무척 안타까운 일이로군요. 서로 맞지 않아 생긴 문제가 또 있었습니까?

김딴지 변호사 있었습니다. 1755년(영조 31) 12월에 황해도의 한 유생이 숙종 대의 노론 신하인 송시열과 송준길의 신주를 문묘에 배향하기를 청했습니다. 그것을 두고도 원고와 피고는 상반된 태도를 보였지요. 원고는 이를 거부했는데 피고가 이듬해 2월에 이를 허락했습니다. 대리청정을 하는 원고의 입장은 도대체 무엇이 됩니까?

판사 서로 오해가 깊어지고 불신만 쌓여 가는 과정이 눈에 보이는군요.

김딴지 변호사 원고가 서연을 열지 않고 학문을 게을리하고, 6개월이나 문안드리지 않았던 것에 대해서는 이러한 일련의 일들이 고려되어야 합니다. 어린 나이에 이 모든 일들을 겪는 것이 얼마나 힘들었겠습니까. 그러면서도 원고는 피고를 잘 모시지 못한 것에 대한 자책의 글을 발표하기도 했습니다.

서연
조선 시대에 세자에게 경서를 강론하던 자리를 말합니다.

판사 잘 알겠습니다. 피고, 이에 대해서는 어떻게 생각하십니까?

영조 아까 세자가 자책의 글을 발표했다고 이야기하셨지요? 마치 세자가 진심으로 뉘우친 것처럼 말씀하셨습니다. 나도 그때는 세자가 글을 발표하고 눈물까지 흘렸다는 말을 듣고 감격했습니다. 나는 세자를 불러 어떤 점을 뉘우쳤는지 물어보았습니다. 그랬더니 반성의 태도도 없었고 그저 적당히 말하고 넘어가 버리는 식이었습니다. 진심이 전혀 섞여 있지 않았어요. 이런 아들을 세자로 둔 나의 마음은 또 어땠겠습니까? 나는 너무나 괴로워 맨땅에 엎드려 대성통곡했고 차라리 세자에게 전위하겠다고 발표했습니다. 신하들의 반대로 뜻이 이루어지지는 않았습니다만, 얼마나 괴로웠으면 그렇게까지 했겠습니까?

김딴지 변호사 판사님, 반성의 글을 발표했으면 인정하고 기다려 보는 것도 좋지 않겠습니까? 피고는 소심하기 이를 데가 없습니다. 그날 전위를 발표한 행동도 그렇고, 그것을 철회한 뒤에는 또 원고를 꾸짖어 마음에 심한 상처를 주었습니다. 원고는 엎드려 울다가, 물러나면서 의식을 잃고 쓰러지기까지 했습니다. 그러니 여러 신하들 앞에서 원고의 입장은 어찌 되었겠습니까?

판사 알겠습니다. 피고도 할 말이 있을 것 같은데요?

영조 세자는 1760년(영조 36) 8월 초부터 이듬해인 1761년 4월까지 무려 8개월 동안 내게 문안 인사를 하지 않았습니다.

이때 사도 세자의 얼굴이 붉으락푸르락해졌다. 도저히 듣고 있을 수 없다는 표정이었다. 그러자 옆에 있던 김딴지 변호사가 대신해서 입을 열었다.

김딴지 변호사 판사님, 지금 피고는 교묘하게 자신의 책임을 회피하고 있습니다. 원고가 8개월 동안 문안을 올리지 않은 것은 사실입니다. 그러나 그 원인은 피고에게 있었습니다. 원고는 그 직전에 다리에 난 종기 때문에 온양 온천에 다녀왔습니다. 종기에는 온천욕이 효험이 있는 것으로 알려져 세종 임금을 비롯한 선대 왕들도 온양에 갔다 오곤 했으니 원고의 온천행은 전례에 따른 것이었지요. 조정에서 가도 좋다는 결정이 내려지기도 했고요. 원고는 온천에 갔다가 부왕을 뵙고 싶은 마음에 원래의 귀경 일자를 앞당겨 상경하였습니다. 그리고 곧바로 귀경 인사도 할 겸 문안을 청했지요. 이때 피고는 원고를 만나 주지 않았습니다. 아직 몸조리하고 있는 원고의 건강을 생각해서라고 하면서요. 하지만 본심은 달랐습니다. 그로부터 석 달여가 지난 9월에도 역시 문안을 거절했으니까요. 더구나 그달 13일은 피고의 생일이었습니다. 피고는 이때도 여전히 원고의 문안을 거절하고 있었습니다. 그렇게 행동했으면서 다시 원고를 탓하다니, 피

고는 참 이상한 사람이 아닙니까?

판사　　그런 일이 있었습니까?

김딴지 변호사　　원고도 아들이기 이전에 사람입니다. 아무리 왕이고 아버지라고 해도 피고의 태도가 그러한데 원고인들 더 이상 문안하고 싶었겠습니까?

김딴지 변호사의 말이 잠시 중단된 틈을 타 이대로 변호사가 나섰다.

이대로 변호사　　판사님, 발언해도 되겠습니까?

교서
왕이 신하, 백성, 관청 등에 내리는 문서입니다.

연
왕이 타고 다니던 가마입니다. 지붕에 붉은 칠을 하고 황금으로 장식하였으며, 둥근기둥 네 개로 작은 집을 짓고 붉은 난간을 달았습니다.

판사 좋습니다. 말씀하시지요.

이대로 변호사 원래 원고의 온천행은 피고로서는 허락하기 어려운 것이었습니다. 마침 온천욕을 금한다는 교서를 전국에 반포했던 참이니까요. 전국에 가뭄이 심하여 기우제를 몇 차례나 지낼 정도였습니다. 피고가 직접 지금의 사직 공원에 있는 사직단을 찾아가 하늘에 빌기도 했습니다. 하루 속히 비를 내려 가뭄을 해소해 달라고 말입니다. 게다가 왕이나 세자가 지방으로 행차할 경우 백성들에게 많은 피해를 끼칠 수도 있었습니다. 백성들이 길을 닦고 마중해야 했으니까요. 이런 상황에서 세자라면 온천욕을 가고 싶어도 참아야지요. 그런데 원고가 어떻게 했는지 아십니까?

이대로 변호사는 새삼 판사석과 배심원석, 그리고 방청석을 휘둘러보았다. 그러고는 말을 이었다.

이대로 변호사 영조가 얼른 동의해 주지 않으니 누이동생인 화완옹주를 들볶았습니다. 아니, 들볶은 정도가 아니라 위협이라고 해야 할 것입니다. 부왕께 말씀드려 온양에 가게 해 달라고 칼을 들고 협박했습니다.

이래저래 피고로서는 허락할 마음이 아니었지만 그래도 아들의 종기가 심하니 참고 보낸 것입니다. 그런데 원고의 행차를 보십시오. 다리의 종기 때문에 타기 어렵다던 연을 며칠간이나 끄떡없이 타면서 온양까지 갔습니다. 중간에 묵은 수원에서는 산에까지 올라갔고요. 이런 사실을 듣게 된 피고의 마음이 과연 어땠겠습니까? 사실은 원고가 꾀병이 아니었나 의심하게 되지 않았겠습니까? 누구라도 피고의 입장이라면 즐거운 마음으로 문안을 받게 되지 않았을 것입니다. '세자가 너무나 생각이 부족하구나, 저 애가 정말 이 나라의 왕이 되어 제대로 백성들을 어루만지는 정치를 할 수 있을까' 하는 회의가 들지 않겠습니까? 그런데 원고는 피고의 이러한 마음은 전혀 헤아릴 줄 몰랐습니다. 오로지 원망만 하면서 더욱 제멋대로 행동하기 시작했지요.

이대로 변호사의 말이 진행되는 동안 영조는 눈을 감고 있었다. 때로 고개를 끄덕이며 동의하기도 했다. 불만스러운 표정인 사도 세자와는 딴판이었다. 이대로 변호사의 말이 계속되었다.

이대로 변호사 원고는 아주 불경스러운 자세를 보였습니다. 승정원에서 계속 문안을 드리라고 권했지만 못 들은 체하고 지냈습니다. 신하들의 계속되는 권유가 귀찮아서인지 그들과도 만나지 않으려고 했지요. 몸이 아프다고 하면서 의원의 진료만 허용했습니다. 아버지에게 설령 잘못이 있더라도 아들이면 도리를 해야지요. 하물며 세자로서 있을 수 없는 행동이었습니다. 또 원고는 자신의 본분인 대리청정도 완전히 내팽개쳐 두었습니다. 서연도 열지 않았고요. 이 모두가 부왕인 피고에게 반항하는 태도가 아니고 무엇이겠습니까? 불효라고 해도 이런 불효가 어디 있겠습니까?

김딴지 변호사 판사님, 발언할 기회를 주십시오.

판사 좋습니다. 말씀하십시오.

김딴지 변호사 지금 피고 측 변호인은 원고에게 모든 잘못이 있는 것처럼 몰아붙이고 있습니다. 하지만 어찌 됐든 원고의 온천행은 피고가 허락해서 간 것입니다. 내키지 않는 마음으로 허락한 것이라도 허락은 허락입니다. 그렇다면 원고가 온천을 다녀온 뒤 문안하려고 했을 때 이를 받아들여야 했습니다. 불만이 있다면 만나서 솔직하게 가르치는 마음으로 털어놓을 수도 있는 일입니다. 그런데 피고는 무조건 거부했습니다. 원고가 몸조리 중이니 사양하겠다는 뜻으로 말했습니다만 구차스러운 것이지요.

판사 그러면 원고 측 변호인은 피고가 원고의 문안을 거절한 이유가 따로 있다고 보십니까?

김딴지 변호사 그렇습니다. 다른 원인도 있다고 봅니다.

영조 다른 데 있다니요? 내 입으로 말하기 어려운 부분은 이대로 변호사가 말씀해 주셨고, 나는 더 이상 할 말이 없습니다. 나의 허락을 강요하다시피 해서 온천을 다녀온 세자를 곱게 볼 수는 없는 것 아닙니까? 그 외에 무슨 다른 이유가 있다는 말입니까?

김딴지 변호사 피고는 정말 솔직하지 못하십니다. 그런 이유로 그토록 오랫동안 원고의 문안을 받아들이지 않았다는 겁니까? 제가 그 이유를 대신 설명해 보도록 하겠습니다. 피고는 원고에게 질투를 느껴 문안을 받아들이지 않은 것입니다. 원고는 일주일 정도의 온천행에서 백성들로부터 많은 칭찬을 들었습니다. 수행원들이 민폐를 끼치지 않도록 철저히 단속했고, 생활이 어려운 사람들에게는 세금과 부역을 면제해 주도록 조치했습니다. 그래서 그동안 노론 측이 집요하게 퍼뜨렸던 항간의 여러 유언비어, 말하자면 세자의 정신이 이상하다느니 포악하다느니 하는 등의 소문을 일소시킬 수 있었습니다. 멀리서 원고의 행차를 보려고 몰려들었던 많은 백성들은 당연히 원고의 덕을 우러르며 찬양하기에 바빴습니다. 요새로 말하자면 인기가 하늘을 찌를 정도가 된 것이지요. 피고는 원고의 이런 인기에 시샘이 난 것입니다. 무예에 능한 원고가 이러한 민심을 배경으로 자신의 권력에 도전하지 않을까 은근히 두려웠을 수도 있고요.

유언비어
근거 없이 널리 퍼진 소문을 말합니다.

마물
사람의 정신을 홀리는 요사스런 물건을 말합니다.

이대로 변호사 어이없는 추측에 답변할 필요를 느끼지 못합니다. 권력이 좋고 무서운 것이지만 부자 사이가 아닙니까? 아들의 인기를 시샘하는 아버지가 어디 있습니까?

김딴지 변호사 정말로 그렇습니까? 권력이란 부자, 형제 사이에도 얼마든지 죽고 죽이는 일을 만드는 마물이라는 것을 모르십니까? 중국의 수양제는 아버지인 문제를 죽이고 황제가 되었습니다. 당나라 현종 때 반란을 일으킨 안록산은 자기 아들에게 죽었지요. 모두가 권력 때문이었습니다. 죽이기까지는 하지 않았지만 후백제의 견훤도 아들 신검에 의해 유폐당했지요. 권력은 그런 것입니다. 얼마든지 상상을 넘어선 결과를 만들어 낼 수 있지요.

영조 지금 원고 측 변호인은 내 인격을 모독하는 것입니까? 너무나 어이가 없어서 답변할 필요성을 느끼지 못합니다. 그리고 세자는 온천을 다녀온 이듬해, 그러니까 1761년(영조 37) 4월부터는 궁궐을 빠져나가 미행까지 하기 시작했습니다. 문안도 오지 않고 일체의 정무를 무시한 채 말입니다. 그러고도 모자라서 같은 해 5월에는 내 허락도 없이 평양을 다녀왔지요. 이 일로 나는 세자궁의 관원들과 장인인 홍봉한을 현직에서 해임했습니다. 이런저런 말을 붙일 것도 없이 세자는 이미 나와 화합할 수 없게 된 것이지요.

3

사도 세자는 뒤주에 들어가야만 했을까?

판사 원고와 피고의 관계가 악화된 이유를 비교적 긴 시간 동안 들어 보았습니다. 그런데 피고가 원고의 역모를 상징하는 정성 왕후의 계시를 들었다는 이야기가 있더군요.

김딴지 변호사 맞습니다, 판사님. 이미 죽은 정성 왕후가 계시를 내리다니요? 도무지 알 수 없는 말입니다. 죽은 귀신의 말을 듣고 아들인 세자를 죽였다는 겁니까?

판사 원고 측 변호인에게 묻지 않았습니다! 김 변호사는 감정을 좀 조절하도록 하세요. 피고가 설명해 주시지요.

영조 세자가 뒤주에 들어가던 날이었습니다. 그날 나는 정성 왕후의 위패를 모신 휘령전에서 세자에게 절을 받고 있었지요. 그런데 갑자기 "변란이 호흡 사이에 있다"라는 정성 왕후의 말소리가 들렸습니다. 나는 나도 모르게 손뼉을 치면서 이 말을 따라 했습니다. 아마 함께 있던 신하들도 들었을 것입니다.

김딴지 변호사　판사님, 저는 그것이 피고의 정치적 술수라고 생각합니다. 그 시점은 공교롭게도 피고가 영빈 이씨에게 원고에 의한 변란 가능성을 들은 뒤였습니다. 당시 현장에 있던 이이장을 증인으로 신청합니다.

판사　받아들입니다.

재판 둘째 날에도 증언했던 이이장이 나와 증인석에 앉았다.

이이장　저는 소론의 영수로 도승지까지 지냈습니다. 제가 세자를 두둔하는 입장에 있었던 건 사실이지만 그렇다고 있던 일을 없다고 하거나 없는 일을 있다고 할 생각은 추호도 없습니다. 그날 영조 임금이 휘령전에서 그런 말을 들었다고 한 것은 사실입니다. 그러나 내 귀에는 정성 왕후의 말은 물론이고 그 누구의 목소리도 들리지 않았습니다.

김딴지 변호사　그렇다면 증인도 피고가 한 말이 정치적 술수라는 것에 동의하시겠지요?

이이장　당시에는 그렇게 생각했습니다. 하지만 사람이 어떤 일에 너무 몰두해 있으면 헛소리 같은 것을 들을 수도 있겠지요. 더구나 망자의 위패를 모셔 놓은 곳이니 그런 소리를 들은 것으로 착각할 수도 있고요.

김딴지 변호사　　증인은 원고가 죽은 날 현장에 있었지요?

이이장　　그렇습니다. 세자께서 뒤주에 갇힌 채 지내시다가 참혹하게 돌아가시는 모든 과정을 지켜보았습니다.

김딴지 변호사　　그렇다면 그 과정을 말씀해 주시겠습니까?

이이장　　알겠습니다. 저는 그 날짜도 잊지 못합니다. 1762년(영조 38) 윤 5월 13일, 세자께서는 뒤주에 갇히셨습니다. 그 과정은 생각만 해도 끔찍합니다. 세자께서는 나경언의 고변이 있은 뒤 거의 매일 시민당 뜰에서 대죄하며 지냈습니다. 그런데 다음 달인 윤 5월 13일 영조 임금은 휘령전의 담과 문에 수많은 군사들을 배치하여 방비를 엄하게 했습니다. 세자를 지원해 역모하려는 군사들이 공격해 올지 모른다고 생각했기 때문이겠지요. 영빈 이씨의 밀고가 일을 이 지경으로 만든 직접적 원인이라고 생각한 나는 충언도 하였습니다. 깊은 궁궐에 있는 한 여자의 말로 나라의 근본인 세자를 흔들려고 하시는 것이냐고요. 그러나 영조 임금은 오히려 화를 내면서 세자를 핍박할 뿐이었습니다. 마침내 세자에게 자살을 명하셨고요. 세자는 목을 매기도 하고 벽돌 단에 머리도 찧었지만 의도대로 이루어지지는 않았습니다. 영의정 신만이며 좌의정 홍봉한, 세자궁의 관원들이 사태를 수습하려고 힘써 영조 임금에게 간언하였지만 파직을 당하거나 쫓겨나는 등 참으로 수습할 수 없는 상태였습니다. 이제 열 살밖에 안 된 세손이 들어와 아버지인 세자를 살려 달라고 빌어도 영조 임금은 막무가내로 쫓아낼 뿐이었습니다. 그리고 누군가 가져온 뒤주에 들어가도록 명했고, 세자는 어쩔 수 없이 그 안으로 들어갔

습니다.

김딴지 변호사　　그 뒤주를 가져온 사람은 대체 누구입니까?

이이장　　세자의 장인인 홍봉한이라는 이야기가 있으나 확실히 알지 못합니다. 세자는 뒤주에 들어가기 전 “아바마마, 살려 주옵소서” 하며 애걸했지만 엄명에 따라 들어가지 않을 수 없었습니다. 영조 임금은 손수 뒤주의 뚜껑을 닫고 자물쇠를 채운 후 굵은 밧줄로 칭칭 동여매기까지 했습니다. 도저히 나올 수 없도록 만든 것이지요. 잇

달아 세자를 서인으로 삼는다는 명도 내렸습니다. 세자의 지위를 박탈한다는 선언을 한 것이지요. 세자는 그 속에서 8일간이나 갇혀 있다가 21일에 마침내 운명하셨습니다.

비명횡사
뜻밖의 사고를 당하여 제 명대로 살지 못하고 죽음을 말합니다.

김딴지 변호사 중요한 것은 과연 피고가 원고를 죽여야만 했느냐 하는 것입니다. 증인은 이에 대해 어떻게 생각하십니까?

이이장 아무리 세자께서 문제가 있는 행동을 하셨다고 해도 자신의 아들이 아닙니까? 세자의 지위만 폐해도 될 일을 그렇게 크게 만든 것은 자신의 감정을 주체하지 못한 것이라고 생각합니다. 막상 그 일이 있은 뒤에는 후회하시는 뜻을 보이기도 했으니까요.

김딴지 변호사 증인의 말씀처럼 개인적인 원한이 있는 것이 아니라면 굳이 원고를 죽이지 않고도 충분히 해결될 수 있는 문제였습니다. 하지만 피고는 아들인 원고를 죽였을 뿐 아니라, 뒤주에 가두어 죽이는 비정상적인 방법을 써서 원고의 명예를 실추시켰습니다. 원고는 세자라는 중압감, 노론의 온갖 모함에 시달렸을 뿐 아니라 죽을 때도 고통 속에서 비명횡사하였습니다. 그러므로 원고를 둘러싼 이 모든 사실들은 반드시 바로잡혀야 할 것입니다.

이대로 변호사 당시 피고는 아버지일 뿐만 아니라 한 나라를 이끌어 나가는 위치에 있는 왕이었습니다. 원고가 변란을 일으킬 것이라고 심증이 가는 상태에서 살려 둘 수는 없었을 것입니다. 원고의 지위만 박탈하고 살려 둔다고 해 보십시오. 세손이 즉위한 뒤에는 분명히 복권되어 조정에 또 한 번 피바람이 몰아쳤을 것입니다. 이후 실제로 그런 일이 벌어졌고요. 자기 자식을 죽이고 싶은 아버지는 이 세상에 아무도 없습니다. 그러나 피고는 나라의 앞날을 위해서 그런 선택을 할 수밖에 없었던 것입니다.

판사 증인과 변호인들의 말씀 잘 들었습니다. 힘드셨을 텐데 진술해 주신 원고 사도 세자와 피고 영조에게도 감사드립니다. 잠시 휴정한 후 원고와 피고의 최후 진술을 듣고 재판을 마치도록 하겠습니다.

사도 세자가 죽은 뒤주

사도 세자를 가둔 뒤주를 현장에 가져온 사람이 과연 누구인가, 하는 점에 대해서는 옛날부터 이야기가 분분합니다. 사도 세자의 장인인 홍봉한인 것으로 많이 알려져 있지만 이것도 확실한 것은 아닙니다. 뒤주가 원래 궁궐의 경호를 맡은 어영청에 있던 것이라는 이야기도 있는데, 홍봉한이 어영대장을 지낸 적이 있으므로 아주 가능성이 없는 이야기는 아니지요.

그렇다면 사도 세자는 왜 뒤주 안으로 들어갔을까요? 처음에는 뒤주 안으로 들어가지 않고 영조에게 살려 달라고 애걸했다고 합니다. 그러나 영조가 계속 명령하자 어쩔 수 없이 뒤주 안으로 들어가게 되었지요. 혜경궁 홍씨는 이를 안타까이 여긴 나머지 『한중록』에서 "도망이라도 쳐서 들어가지 말았어야 했다"라고 했습니다.

과연 그것이 가능했을까요? 궁궐에서는 경비가 삼엄하기 때문에 도망이란 상상할 수도 없는 일이었습니다. 그렇다면 영조의 명을 거부한 채 들어가지 않을 수는 없었을까요? 당시 왕명은 사실상 법 위에 있는 것이었습니다. 영조는 사도 세자를 친국하는 현장에서도 마음대로 신하들을 파직 내지 유배시키고 있습니다. 말 한마디로 이 모든 조치가 이루어지고 있었던 것이지요. 왕명은 그만큼 지엄했고 이를 거부하면 역적으로 낙인찍혔습니다. 사도 세자로서는 뒤주에 들어가는 것 외에 다른 도리가 없었던 것입니다.

휴 정
인 터 뷰

다알지 기자

오늘 드디어 세 번째 재판까지 끝나고 원고와 피고의 최후 진술만 남아 있습니다. 선고도 곧 내려질 것입니다. 아버지와 아들 사이의 재판은 그 어느 때보다도 팽팽한 신경전 속에서 진행되었는데요. 양측 모두 긴장한 상태에서 결과를 기다리고 있습니다. 그래서일까요? 양측 변호인과 원고, 피고 모두 인터뷰 요청을 사양했습니다. 정확한 문서가 남아 있지 않은 상태에서 서로의 주장만 계속되다 보니, 오히려 이로 인해 재판 결과에 불리한 영향을 가져올 수 있다는 우려 때문이 아닌가 합니다. 그래서 오늘은 방청객 두 분과 인터뷰해 보았습니다. 결과를 어떻게 보시는지요?

방청객 1

첫째 날부터 계속 이 재판을 지켜보았습니다. 아무리 왕실이라고는 해도 아버지에게 죽임을 당한 사도 세자가 너무 불쌍합니다. 그냥 일반 백성으로 태어났더라면 훨씬 더 행복한 삶을 살 수 있지 않았을까요? 어릴 때부터 과중한 부담감을 짊어진 것도 모자라 결국 당파 싸움에 희생됐습니다. 영조는 어째서 이런 사도 세자를 불쌍하게 생각하고 이해하려고 노력하지 않았을까요? 자신에게 좋은 말만 하는 사람들 이야기만 듣지 말고 아들에게 한 발자국 다가설 수는 없었을까요? 재판은 결국 사도 세자가 승소하리라고 봅니다. 그는 노소론의 갈등이 낳은 희생양일 뿐이니까요. 재판 과정에서도 정신이 멀쩡하고 아주 착한 사람으로 보였고, 역모를 기도했다고는 도저히 믿기 힘들었습니다.

방청객 2

당연히 영조가 승소할 것입니다. 사도 세자는 세자이면서도 그 자리에 적합한 인격적인 수양이 되어 있지 않았습니다. 항상 이것이 서운하네, 자기는 힘드네, 자기 말과 주장만 앞세웠을 뿐입니다. 영조는 어머니의 출신에 대해 콤플렉스도 있었고, 왕세제 시절부터 당파 싸움에 휘말려 죽을 고비를 많이 넘기며 살아왔습니다. 형인 경종을 죽였다는 말도 안 되는 모함에 시달리기도 했고요. 그런데 아들인 사도 세자는 그런 소문을 만들어 낸 소론을 믿고 편을 드니 어느 아버지인들 자식이 예쁘게 보였겠습니까? 나중에는 정신적인 균형을 잃기까지 했으니 왕인 영조로서는 그런 아들을 그냥 둘 수 없었을 것입니다.

나는 노론의 모함에 희생당했습니다! vs 세자의 역할을 하지 못했습니다!

판사 이제 원고와 피고의 최후 진술을 듣고자 합니다. 여러분의 한마디가 재판 결과에 중대한 영향을 끼칠 수도 있으니 신중하게 생각해서 진술해 주세요. 먼저 원고부터 말씀해 주시지요.

사도 세자 나는 오해로 가득한 생애를 살다가 마침내 목숨까지 잃었습니다. 내게 정신병이 있었다는 설, 역모를 기도했다는 설, 이 모두가 사실이 아닙니다. 만일 내가 정신 이상이었다면 15세부터 28세까지 어떻게 대리청정을 할 수 있었겠습니까? 역모를 꾀했다는 것도 그렇습니다. 정말로 역모에 뜻이 있었다면 정휘량같이 믿을 수 없는 인물을 찾아 평양으로 갔겠습니까? 나의 평양행은 단지 답답한 궁궐을 벗어나 잠시나마 자유로운 생활을 즐기고자 한 것이었습니다. 만일 역모에 뜻이 있었다면 정휘량을 설득하여 그곳의 군대를 몰고 한양으로 진격해 올 수도 있었던 것 아닙니까? 내가 지하에 집을 만들고 무기와 말을 그곳에 감추는 등의 행동을 했다고 해서 역모와 연관시키는 것도 이치에 맞지 않습니다. 하수구를 통해 부왕이 사는 궁궐로 들어가려 했다는 이야기도 나의 본심과는 다르고요. 별다른 생각 없이 다소 괴팍한 행동을 한 것뿐인데 사람들이 엉뚱하게 해석한 것입니다. 사람이란 누구나 자기 생각대로 세상을 보고 해석하게 마련 아닙니까? 나는 말하자면 권력의 희생양이 된 것인데, 특히 노론 측 음모에 걸려든 것뿐이었습니다. 그들은 내가 왕이 될 경우 자기들이 기득권을 잃고 크게 숙청당할 것이 두려웠던 것입니다. 그리하여 부왕에게 이런저런 고자질을 하고 마침내 나를 죽음으로까지 몰아간 것입니다. 나는 죽어야 할 이유가 하나도 없었습니다. 그런 점에서 부왕의 처사는 크게 잘못된 것입니다. 존경하는 판사님과 배심원 여러분, 여러 사정을 두루 헤아려 나의 억울함을 풀어 주시기 바랍니다.

영조 존경하는 판사님, 그리고 배심원 여러분, 조선 제21대 임금인 나, 영조는 말할 수 없이 참담한 심정으로 이 자리에 섰습니다. 아버지로서 아들을 죽인 내가 무슨 할 말이 있겠습니까? 이유를 막론하고 그 자체로는 패륜이라고 해야 할 것입니다. 그러나 한 나라, 한 시대를 책임진 왕의 입장에서 보자면 내 행위는 정당한 이유가 있었습니다. 정신적으로 온전하지 못하고 부왕에게 역모의 가능성까지 보인 세자를 누구인들 그냥 둘 수 있었겠습니까? 내가 세자를 죽일 수밖에 없었던 이유는 세자가 죽은 지 약 3개월 뒤 1762년 8월 26일자로 올려진 홍봉한의 짧은 상소에 그대로 드러나 있습니다. 이 글은 홍봉한이 자신의 심정을 밝히면서 내가 한 말을 인용한 것입니다. 거기에 이런 말들이 들어 있습니다. "내가 어찌 아비로서 자애롭지 않아서 그랬겠는가. 또 내가 어찌 참을 수 없어서 그랬겠는가. 실은 나라를 위하고 생민을 위해서 한 것이다"라고 말입니다. 정신이 온전치 못하고 포악하기도 한 세자가 왕이 될 경우 나라의 장래가 어떻게 되겠습니까? 내가 세자를 뒤주에 가둔 그 이튿날 그가 쓰던 물건들을 창경궁의 선인문 밖에서 불태우도록 하였습니다. 거기에는 참으로 이상한 별의별 물건들이 많았습니다. 나는 탄식할 수밖에 없었지요. "이와 같은데 나라가 망하지 않겠는가"라고 말입니다. 세자가 왕이 되었을 경우 조선은 금방 망했을 것이 틀림없습니다. 물론 세자에 대한 노론 측의 음해가 없었다고는 말할 수 없습니다. 그러나 문제의 본질은 세자에게 있었던 것이고, 역모에 대한 의구심도 그가 한 행동을 빼고는 말할 수가 없습니다. 오죽하면 그의 생모인 영빈이 내게 모든 것을 털어놓고 처분을 바랐겠습니까? 내가 한 지난날의 일은 불가피한 것이었다고 지금도 믿습니다.

판사 원고와 피고의 최후 진술을 잘 들어 보았습니다. 원고 측, 피고 측, 배심원단 여러분, 모두들 그동안 수고가 많으셨습니다. 저는 배심원 등 여러 의견을 종합해 최종 판결을 내리도록 하겠습니다. 이것으로 재판을 마치겠습니다.

땅, 땅, 땅!

역사공화국 한국사법정 재판 번호 38 사도 세자 vs 영조

주문

역사공화국 한국사법정은 사도 세자가 영조를 상대로 제기한 명예훼손에 의한 정신적 손해 배상 청구를 기각한다.

판결 이유

원고 사도 세자는 자신이 정신병이 있다는 것, 역모를 기도했다는 것 등 부왕인 영조가 자신에 대해 가졌던 편견이 잘못되었다고 주장하였다. 또 자신을 뒤주 속에 넣어 죽도록 한 참혹한 처사도 부당하다고 주장하였다.

본 법정은 사도 세자의 주장에 타당성이 있다고 보았다. 정신 질환이 있다고 보기에는 정상적으로 정무를 처리했으며, 역모를 꾀했다는 것도 근거가 충분치 못하다. 또 사도 세자를 죽인 영조의 처사가 잔인하였다는 점도 부인할 수 없다. 그러나 사도 세자가 정신적으로 온전했는지에 대해서는 전폭적으로 동의하기 어렵다. 공식 석상에서는 정상적이었을지 모르나 사적인 생활에서는 정상을 이탈한 면이 많았다. 걸핏하면 사람들을 죽이고 도저히 믿기지 않는 여러 행동들을 보였기 때문이다. 피고 측이 제기한 원고에 대한 정신 감정 결과에서는 정서, 행

동, 대인 관계의 불안정과 주체성의 혼란으로 모든 면에서 변동이 심한 '경계성 인격 장애'란 판정이 나왔는데 본 법정은 이를 수용하는 바다.

역모 기도설은 근거가 충분치 않고 노론 측에 의한 음모의 여지가 있는 게 사실이지만 그 정황을 의심할 만한 점도 없지 않았다. 땅을 파서 무기와 말을 감추고, 흉기를 지닌 채 하수구를 통해 영조가 있는 궁으로 잠입하려고 한 사실, 몰래 평양을 다녀온 일 등이 그에 해당한다. 사실 여부를 떠나 역모를 의심하게 만드는 행위가 적지 않았다고 판단한다.

과연 사도 세자에게 내려진 죽음이 정당했느냐 하는 점에서는 인도주의적인 면에서 논란의 여지가 있을 수 있다. 그러나 이 역시 나라를 위해 불가피했던 것으로 판단된다. 세자의 지위를 박탈하여 서인으로 삼아 내쫓는다고 해도 그를 따르는 무리들이 영조 사후에 어떤 일을 벌일지는 아무도 장담할 수 없는 일이었다. 다만 어릴 때부터 총명했던 세자가 '경계성 인격 장애'를 가지게 된 데에는 영조의 책임도 있을 것이다. 인륜에 어긋나는 이러한 일이 다시는 없기를 바라면서 본 법정은 원고와 피고 모두에게 심심한 자기반성을 촉구하는 바다.

역사공화국 한국사법정 담당 판사 공정한

에필로그

"나는 독살당하지 않았습니다!"

재판을 끝내고 잠시 사무실로 돌아온 김딴지 변호사의 마음은 초조했다. 이대로 패소할지도 모른다는 불안감 때문이었다. 이때 사무장이 다가와 손님이 왔음을 알렸다.

손님은 왕의 옷차림을 한 30대 중반의 남자였다. 약해 보이는 인상이었지만 기품이 느껴졌다.

"경종이라고 합니다."

손님의 자기소개에 김딴지 변호사는 깜짝 놀랄 수밖에 없었다. 경종이라니? 희빈 장씨의 아들이자 영조의 이복형이고 조선 제20대 임금인 바로 그 경종이란 말인가.

"이렇게 뵙게 되어 영광입니다. 앉으시지요."

김딴지 변호사의 권유에 따라 자리에 앉으며 경종이 말했다.

"남모르게 방청객들 틈에 섞여 재판 과정을 지켜보았습니다. 김딴지 변호사님의 승소를 확신합니다만, 제 나름대로 하고 싶은 이야기가 있어서 이렇게 갑자기 찾아뵙게 되었습니다."

"아, 그러십니까? 무슨 말씀을 하시려고요?"

"영조가 저를 독살했다는 소문에 대해서입니다."

영조가 경종을 독살했을 것이라는 설이 항간에 널리 유포되어 있다는 것은 김딴지 변호사도 잘 알고 있었다. 일부 사학자들의 주장이 뒷받침되면서 그런 설은 더욱 사실처럼 받아들여지는 분위기였다.

"그 소문에 대해 진실을 말씀드리고 싶어 찾아온 것입니다. 이번 재판과도 관련이 있으니까요."

"네, 말씀하시지요."

"저는 독살당하지 않았습니다. 그건 순전히 유언비어일 뿐입니다. 그런데도 내가 독살당한 것처럼 알려져 이인좌의 난이며 나주괘서의 변이 일어났지요. 사도 세자도 이런 점에서 영조를 의심했다고 들었습니다."

"독살당하신 것이 아니라고요?"

"그렇습니다. 사실이 아닌데도 사도 세자가 소론 편에 서고 영조와 사이가 나빠진 데에는 이 소문이 영향을 미쳤지요. 제가 이 문제를 확실하게 해명할 필요가 있을 것 같습니다."

김딴지 변호사는 경종의 단호한 말과 태도에 깜짝 놀랐다. 조선왕조실록 중 『경종실록』에는 경종이 말을 잘하지 못하는 일종의 실어증에 걸린 사람으로 표현되어 있다. 그런데 지금 보니 전혀 그런 이

미지가 아니었다. 간절한 의사 표현의 욕구가 그렇게 만들고 있는 것이었다. 김딴지 변호사는 놀라움을 뒤로하고 곧 본연의 위치로 돌아와 물었다.

"알겠습니다. 그렇다면 확실한 근거가 필요합니다."

"있고말고요. 크게 두 가지입니다."

경종에 의하면 영조가 자신에게 게장과 감을 함께 먹도록 한 것과 부자를 넣은 인삼차를 마시도록 한 것 때문에 독살설이 퍼졌다고 했다. 게장과 감을 함께 먹는 것은 한방에서 금기로 여긴다. 또 부자를 넣은 인삼차도 병자에 대한 처방에서는 주의할 것으로 알려져 있다. 영조는 경종에게 이 두 가지를 모두 제공함으로써 의심을 산 것이었다. 경종의 말이 이어졌다.

"저는 재위 4년째 8월이 되자 완전히 병석에 눕는 몸이 되었습니다. 거의 한 달 동안 음식을 먹지 못해 공복 상태로 지내기도 했고요. 도무지 입맛이 없어 아무것도 먹을 수가 없었지요. 그래서 영조는 수라간에 부탁해서 제가 좋아하는 게장을 올렸던 것입니다. 저는 오랜만에 밥을 먹을 수 있었습니다. 식후에는 때마침 수확기에 든 감이 올라와서 이 역시 맛있게 먹었습니다. 그런데 그 이튿날인 20일에 도저히 참을 수 없을 정도로 배가 아파 왔습니다."

"게장과 감을 동시에 드셨기 때문일까요?"

김딴지 변호사의 말에 경종이 답하였다.

"그럴지도 모르지요. 그러나 게장과 감이 음식 궁합상 반드시 금기인가에 대해서는 한의사들 간에도 견해가 다릅니다. 편견에 지나

지 않는다는 의견도 많고요. 아마 오랫동안 아무것도 먹지 않다가 게장과 감으로 과식했기 때문이었을 것입니다. 저처럼 평소 위장이 좋지 않은 사람은 공복 상태에서 과식할 경우 심한 복통이 일어날 수 있다는 것이 의사들의 견해이니까요."

"그렇다면 부자를 넣은 인삼차 이야기는 또 무엇입니까?"

"제가 죽기 직전에 위급하니까 세제로 있던 영조가 부자를 넣은 인삼차를 올리도록 했습니다. 영조는 평소 인삼의 효험을 믿고 있었거든요. 주위 사람들에게 적극적으로 권하기도 했지요. 다행히 저는

차를 마시고 원기가 다소 회복되었고 영조는 이를 아주 기뻐했습니다. 계속 복용하는 것이 위험할 수도 있다는 의사의 말에 이를 곧 중지시키기도 했지요. 그러니 영조가 내게 인삼차를 올리도록 한 것도 이상할 것이 없습니다. 결국 저에 대한 영조의 독살설은 근거가 부족한 이야기입니다. 영조가 죽을 때까지 저를 끔찍이 존경하며 지낸 것만 봐도 그 말은 사실이 아닙니다."

"사도 세자는 부왕인 영조의 경종 독살설을 믿었던 것 같은데요."

"잘못된 생각입니다. 결국 그런 생각이 부자 간의 불행을 가져온 원인의 하나로 작용하였을 것입니다. 사도 세자는 마음속으로 영조를 역적으로 생각했을 수도 있습니다."

말을 마치자 경종은 무엇에 쫓기듯 부리나케 사무실 문을 나섰다. 자신의 사후에 일어난 비극과 그로 인한 재판에 몹시 마음이 아팠기 때문일까? 김딴지 변호사는 수많은 감회를 안고 그의 뒷모습을 바라보았다.

아버지와 아들의 무덤, 융건릉

경기도 화성시에는 조선 왕조에서 유명한 아버지와 아들의 무덤이 함께 있습니다. 장조로 추존된 사도 세자와 그의 비인 헌경 왕후(혜경궁 홍씨)를 합장한 '융릉'과 그의 아들인 정조와 효의 왕후를 합장한 '건릉'이 그것이랍니다. 흔히 합쳐서 '융건릉'이라고 부릅니다. 사도 세자로 알려진 장조의 묘는 원래 경기도 양주시 배봉산 기슭에 있었으나 정조가 왕위에 오른 뒤 이장을 했고, 정조 또한 죽은 후 그 곁에 묻혔다고 전해지지요.

정조는 영조 38년에 원통하게 죽은 아버지 사도 세자의 묘를 이장하면서 거의 왕릉에 준하는 형태로 꾸몄습니다. 그리고 아버지의 묘를 13차례나 방문함으로써 백성들에게 효의 중요성을 보여 주기도 하였지요. 특히 1795년에는 어머니 혜경궁 홍씨의 회갑연을 화성 행궁에서 치르고자 능 행차를 했는데, 이때 동원된 사람이 5661명이고 말이 1417필에 달할 정도로 아주 큰 규모였다고 합니다.

융릉

장조의 무덤인 융릉은 능을 빙 둘러서 병풍석이 설치되어 있고 병풍석 덮개에는 연꽃무늬가 조각되어 있습니다. 무덤 앞에는 문인과 무인을 뜻하는 문무인석이 있고 돌로 만든 석마 등이 배치되어 있습니다.

건릉

난간석을 두른 것 빼고는 융릉과 아주 비슷합니다. 능 아래에 정자각이 있고 정자각 동쪽에 비각이 세워져 있습니다. 비각 안에는 고종이 쓴 비석이 세워져 있지요. 융릉과 함께 사적 제206호로 지정되어 있습니다.

찾아가기 **주소** 경기도 화성시 효행로 481번길 21-1
매표 2~5월, 9~10월 9:00~17:00
6~8월 9:00~17:30
11~1월 9:00~16:30
(매주 월요일 휴관)

사도 세자의 묘인 융릉

정조의 묘인 건릉

한 걸음 더! 역사 논술

『역사공화국 한국사법정 38 왜 사도 세자는 뒤주에 갇혀 죽었을까?』와 관련한 논술 문제를 풀어 봅시다.

※ 다음 제시문을 읽고 물음에 답하시오.

(가) "나는 한 가지 병이 깊어서 나을 기약이 없으니 다만 마음을 가라앉히면서 민망해할 따름입니다."

(나) "(보내 주신) 지도를 자세히 펴 보니 팔도의 산하가 눈앞에 와 있습니다. 이는 진실로 고인이 말한바 '서너 걸음 문을 나서지도 않았는데 강남 수천 리가 다하였네'라고 한 것과 같습니다. 기쁘고 고마운 마음을 표할 길이 없어 삼가 표피 1영을 보내니 웃으며 거둬 주시기 바랍니다."

(다) 사도 세자는 병의 증세가 더욱 심해져서 병이 발작할 때는 궁비와 환시를 죽이고, 죽인 후에는 문득 후회하곤 하였다.

1. (가)~(나)의 내용은 사도 세자가 장인 홍봉한에게 보낸 편지 중 일부이고, (다)의 내용은 『영조실록』에 담긴 내용 중 일부입니다. (가)~(다)를 읽고 사도 세자가 어떤 인물이었을지 추측하여 쓰시오.

※ 다음 제시문을 읽고 물음에 답하시오.

나경언이 고변한 후로부터 임금은 세자를 폐하기로 결심하였다. 임금은 창덕궁에 나아가 세자에게 휘령전에 예를 행하도록 하였다. 임금이 행례를 마치고 세자가 뜰 가운데서 사배례를 마치자

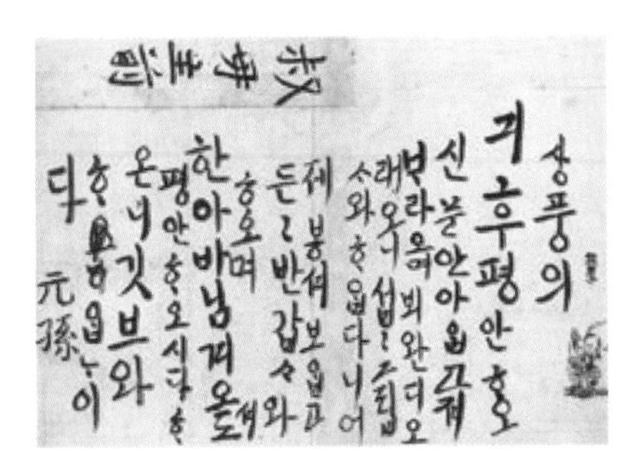

정조가 세손 시절인 8세 때 쓴 한글 편지

궁성문을 굳게 막고 사람의 출입을 금한 후 세자에게 명하여 땅에 엎드려 관(冠)을 벗게 하고 맨발로 머리를 땅에 조아리게 하고 이어서 차마 들을 수 없는 전교를 내려 자결할 것을 재촉하니 세자의 조아린 이마에서 피가 나왔다.

세손이 들어와 관과 포를 벗고 세자의 뒤에 엎드리니 임금이 안아다가 시강원으로 보내고 다시는 들어오지 못하게 하라고 명하였다. 임금이 칼을 들고 연달아 전교를 내려 동궁의 자결을 재촉하니 세자가 자결하고자 하였는데 여러 신하들이 말렸다. 임금은 이어서 폐하여 서인을 삼는다는 명을 내렸다. 군병을 시켜 신하들을 내쫓게 하였고 마지막까지 남아 있던 한림 임덕제마저 강제로 자리를 떠나게 되었다.

세자는 임덕제의 옷자락을 붙잡고 곡하면서 따라 나오며 말하기를, "너 역시 나가 버리면 나는 장차 누구를 의지하란 말이냐?" 하고, 전문에서 나와 춘방의 여러 관원에게 어떻게 해야 좋은가를 물었다. 세자가 곡하면서 다시 들어가 땅에 엎드려 애걸하며 개과천선하기를 청하였으나 임금의 전교는 더욱 엄해지고 드디어 세자를 깊이 가두라고 명하였는데 세손이 황급히 들어왔다. 임금이 빈궁, 세손 및 여러 왕손을 좌의정 홍봉한의 집으로 보내라고 명하였는데 이때 밤이 이미 반이 지났었다.

—『영조실록』 1762년(영조 38) 5월 13일

2. 이 글은 사도 세자가 뒤주에 갇힐 당시를 기록한 『영조실록』 중 일부입니다. 이 글을 보고 당시 가장 슬픈 인물이 누구였을지 내 생각을 쓰시오.

해답 1 (가)에서 보면 사도 세자는 자신에게 병이 깊음을 알고 있는 사람이었습니다. 그리고 (나)를 보면 지도를 보내 준 장인에 대한 고마운 마음이 듬뿍 묻어나지요. 또한 (다)를 보면 사도 세자가 병의 증세가 심각해 자신도 후회할 일을 저지르곤 했다는 것을 알 수 있습니다. (가)~(다)를 종합해 보면 사도 세자는 감정이 매우 풍부한 사람이었으리라 짐작할 수 있습니다. 정이 넘쳐서 장인인 홍봉한과도 다정하게 편지를 주고받기도 하였지만 병이 발작할 때는 그 병을 이겨 내지 못한 인물이기도 하였던 것입니다.

해답 2 『영조실록』에는 아버지인 영조가 아들인 사도 세자를 뒤주에 가두어 죽이게 되는 비극을 이와 같이 자세히 묘사하고 있습니다. 영조의 노여워하는 모습과 세자(사도 세자)의 겁에 질린 모습, 세손(정조)의 간곡하게 애원하는 모습, 신하들의 말리는 모습이 한눈에 그려지지요. 이것을 볼 때 가장 안타까운 인물은 아버지의 죽음을 명하는 할아버지를 힘겹게 말리는 세손이었을 것입니다. 어린 나이에 감당할 수 없는 슬픔을 겪어야 했고 어찌할 수 없는 무력함도 느껴야 했을 것입니다.

* 해답은 예시로 제시된 내용입니다.

ㄱ

갑술환국 50

ㄴ

나경언의 고변 67, 105

나주괘서의 변 46, 105, 111

노론 26, 50, 75, 131

ㄷ

대리청정 36, 68, 111, 131

ㅅ

석고대죄 38, 112

소론 36, 67, 78, 106

『속대전』 31

신임사화 54

ㅇ

양위 33

역모 31, 66, 86, 107

『영조실록』 27, 67, 144

왕세제 41, 54, 69, 130

울화증 42, 58, 77

을해옥사 105

의대증 32, 44

이인좌의 난 41, 137

ㅈ

전위 38, 110

ㅌ

탕평책 31, 45, 59, 106

토역경과 107

ㅎ

『한중록』 31, 84, 127

역사공화국 한국사법정 38
왜 사도 세자는 뒤주에 갇혀 죽었을까?

초　판 1쇄 발행일 2011년 8월 16일
개정판 1쇄 발행일 2014년 11월 17일
5쇄 발행일 2021년 6월 18일

지은이　이종호
그린이　이일선
펴낸이　정은영

펴낸곳　(주)자음과모음
출판등록　2001년 11월 28일 제2001-000259호
주소　04047 서울시 마포구 양화로6길 49
전화　편집부 (02) 324-2347 경영지원부 (02) 325-6047
팩스　편집부 (02) 324-2348 경영지원부 (02) 2648-1311
이메일　jamoteen@jamobook.com

ISBN 978-89-544-2338-0 (44910)

철학자가 들려주는 철학 이야기 (전 100권)

아이들의 눈높이에 맞춘 철학 동화!
책 읽는 재미와 철학 공부를 자연스럽게 연결한 놀라운 구성!

대부분의 독자들이 어렵게 느끼는 철학을 동화 형식을 이용해 읽기 쉽게 접근한 책이다. 우리의 삶과 세상, 인간관계에 대해 어려서부터 진지하게 느끼고 고민할 수 있도록, 해당 철학 사조와 철학자들의 사상을 최대한 풀어 썼다.

이 시리즈의 가장 큰 장점은 내용과 형식의 조화로, 아이들이 흔히 겪을 수 있는 일상사를 철학 이론으로 해석하고 재미있는 이야기로 담은 것이다. 또한 아이들의 눈높이에 맞는 쉽고 명쾌한 해설인 '철학 돋보기'를 덧붙였으며, 각 권마다 줄거리나 철학자의 사상을 상징적으로 표현한 삽화로 읽는 재미를 더한다. 철학 동화를 이끌어가는 주인공을 형상화하고 내용의 포인트를 상징적으로 표현한 삽화는 아이들의 눈을 즐겁게 만들어준다. 무엇보다 이 시리즈는 철학이 우리 생활 한가운데 들어와 있고, 일상이 곧 철학이라는 사실을 잘 보여준다. 무엇보다 자기 자신을 극복한다는 것, 인간을 사랑한다는 것, 진정한 인간이 된다는 것, 현실과 자기 자신을 긍정한다는 것 등의 의미를 아이들의 시선에서 풀어내고 있다.

과학공화국 법정시리즈 (전 50권)

생활 속에서 배우는 기상천외한 수학 · 과학 교과서! 수학과 과학을 법정에 세워 '원리'를 밝혀낸다!

이 책은 과학공화국에서 일어나는 사건들을 다루는 법정 공판을 통해 청소년들에게 과학의 재미에 흠뻑 빠져들 수 있는 기회를 제공한다. 우리 생활 속에서 일어날 만한 우스꽝스럽고도 호기심을 자극하는 사건들을 통하여 청소년들이 자연스럽게 과학의 원리를 깨닫고 동시에 학습에 대한 흥미를 가질 수 있도록 구성하였다.

물리법정 1 물리의 기초
물리법정 2 물리와 생활
물리법정 3 빛과 전기
물리법정 4 소리와 파동
물리법정 5 여러 가지 힘
물리법정 6 운동의 법칙
물리법정 7 일과 에너지
물리법정 8 유체의 법칙
물리법정 9 현대물리학과 양자론
물리법정 10 상대성 이론

화학법정 1 화학의 기초
화학법정 2 물질의 구성
화학법정 3 물질의 성질
화학법정 4 화학반응
화학법정 5 화학과 생활
화학법정 6 신기한 금속
화학법정 7 여러가지 화합물
화학법정 8 물질의 변화
화학법정 9 음식과 화학
화학법정 10 우리 주변의 화학

생물법정 1 생물의 기초
생물법정 2 동물
생물법정 3 곤충
생물법정 4 인체
생물법정 5 식물
생물법정 6 자극과 반응
생물법정 7 유전과 진화
생물법정 8 신기한 생물
생물법정 9 해양생물
생물법정 10 미생물과 생명과학

지구법정 1 지구과학의 기초
지구법정 2 천문
지구법정 3 날씨
지구법정 4 지표의 변화
지구법정 5 지질시대
지구법정 6 남극과 북극
지구법정 7 화석과 공룡
지구법정 8 별과 우주
지구법정 9 바다 이야기
지구법정 10 이상기후

수학법정 1 수학의 기초
수학법정 2 수와 연산
수학법정 3 도형
수학법정 4 비와 비율
수학법정 5 확률과 통계
수학법정 6 여러 가지 방정식
수학법정 7 여러가지 부등식
수학법정 8 여러가지 수열
수학법정 9 수학퍼즐
수학법정 10 수학의 논리